EXERCICES ORTHOGRAPHIQUES

SUR LA

GRAMMAIRE FRANÇAISE ÉLÉMENTAIRE

LIBRAIRIE

AUBANEL FRÈRES

Imprimeurs de N. S. P. le Pape et de Monseigneur l'Archevêque ,

A AVIGNON.

Ouvrages de Théologie, Littérature, Histoire, Sciences, Piété. — Classiques Français, Latins, Grecs et en langues étrangères.

Liturgie Romaine. — Propre du Diocèse d'Avignon. — Missels et Bréviaires de toutes les éditions et de tous formats. — Livres de Chœur. — Suppléments aux Missel, Bréviaire, Graduel et Vespéral.

Bons-points pour écoles, Transparents de tous les ordres et modèles d'écriture.

Heures et Paroissiens , éditions de luxe, reliures en ivoire, écaille, nacre, bois sculpté, coins et fermoirs or, argent et acier bruni.

Livres illustrés pour Etrennes, Albums, Voyages, Keepsakes, reliés en chagrin, maroquin, toile anglaise, cartonnages élégants, boîtes et fantaisies pour le premier âge.

Canons d'autel, en feuilles et sous verres, croix, médailles, reliquaires, chapelets de luxe et pour missions.

Dentelles et images religieuses de Paris, Dusseldorf et Ratisbonne. — Publications de la Maison Schulgen et Schwan.

Commission pour Paris, la Belgique et l'Allemagne. — Abonnements sans frais aux Journaux et revues périodiques.

Impressions typographiques en tous genres.

Chaque année le Catalogue spécial pour distributions de prix et celui pour livres Classiques sont envoyés, en Avril et en Septembre, à nos correspondants.

Notre Catalogue général sera adressé, *franco*. aux personnes qui nous en feront la demande.

EXERCICES
ORTHOGRAPHIQUES

SUR LA

GRAMMAIRE FRANÇAISE ÉLÉMENTAIRE

Des Sœurs

DE LA PRÉSENTATION DE MARIE

AVIGNON

AUBANEL FRÈRES, IMPRIMEURS DE N. S. P. LE PAPE

ET DE MGR L'ARCHEVÊQUE.

1857

—

PROPRIÉTÉ DES ÉDITEURS.

—

EXERCICES ORTHOGRAPHIQUES

SUR LA

GRAMMAIRE FRANÇAISE ÉLÉMENTAIRE

PREMIÈRE PARTIE

PREMIER EXERCICE. (Grammaire, n° 7.)

Les Élèves copieront les substantifs, tels qu'il sont ci-dessous, et auront soin de mettre exactement l'orthographe, les accents et la ponctuation.

Couvent, pensionnat, séminaire, noviciat, école, classe, étude, application, travail, science, vertu, récompense, grammaire, orthographe, géographie, papier, plume, canif, crayon, règle, transparent, cahier, écriture, lecture, calcul, arithmétique, catéchisme, maintien, ordre, silence, attention, exactitude, politesse, douceur, prévenance, affabilité, couture, broderie, aiguille, dé, étui, epingle, fil, coton, soie, laine, canevas, dessin, mousseline, calicot, jacouas, indienne, toile, mérinos, escot, serge, bourse, pelotte, adresse, gaucherie, lenteur, paresse, nonchalance, négligence, fainéantise, activité, vivacité, sensibilité, santé, âme, esprit, mémoire, jugement, volonté, amitié, tendresse, affection, indifférence, froideur, haine, aversion, habileté, ignorance, timidité, hardiesse, humeur, honneur, honnêteté, enjouement, gaieté, mélancolie, tristesse, chagrin, ennui, joie, plaisir, jouissance, colère, émotion, orgueil, humilité, vanité, arrogance, insolence, hauteur, insouciance, inondation, incendie, dévastation, calamité.

2e EXERCICE. (Grammaire, nᵒˢ 8-9.)

Le devoir ci-dessus ayant été corrigé, les Élèves le transcriront et placeront d'elles mêmes devant les substantifs, les articles le, la, l', *comme il est expliqué au n° 9.*

3ᶜ EXERCICE. (Grammaire nᵒ 7)

Les élèves copieront exactement, tels qu'ils sont, les substantifs ci-dessous.

Maison, jardin, écurie., cave, grenier, bâtiment, mur, muraille, toît, ardoise, tuile, chambre, cabinet, cuisine, bassin, étang, réservoir, blé, seigle, riz, avoine, orge, pain, vin, viande, bœuf, mouton, porc, huile, beurre, fromage, œuf, lentille, pois, haricot, courge, melon, concombre, lampe, quinquet, lanterne, encre, encrier, tête, oreille, cou, épaule, main, poignet, poingt, doigt, pied, cheville, menton, langue, œil, sourcil, paupière, joue, mâchoire, dent, gencive, jambe, corps, habit, sel, poivre, anchois, poisson, fleuve, rivière, batelier, patron, matelot, pilote, cocher, prudence, charité, modestie, obéissance, soumission, antipathie, aversion, aigreur, ressentiment, ingratitude, reconnaissance, légèreté, animosité, langueur, frayeur, peur, poltronnerie, renommée, réputation, rancune, vengeance, hibou, héros, hasard, heure, minute, moment, instant, gentillesse, bassesse, tromperie, maladie, médecin, remède, purgation, vésicatoire, cautère, fièvre, rhûme, rhûmatisme, amabilité, effroi, innocence, souhait, désir, empressement, année, jour, mois, semaine, temps, paradis, enfer, éternité.

4ᶜ EXERCICE. (Grammaire nᵒˢ 8-9)

Le devoir ci-dessus étant corrigé, les Élèves le transcriront en plaçant d'elles-mêmes, devant chaque substantif, l'un des articles le, la, l'.

5ᶜ EXERCICE. (Grammaire nᵒˢ 15-16.

Les Élèves distingueront le genre des substantifs ci-dessous, et pour cela, elles plieront leur papier en deux colonnes, mettant sur le première les subst. masc., et sur la seconde, les subst. fem. Elles joindront à chaque substantif, l'un des articles le, la, l'.

Monde, ciel, firmament, soleil, lune, étoile, pla-

nète, comète, terre, continent, île, montagne, colline,
côteau, rocher, rue, océan, mer, flux, reflux, marée,
fleuve, rivière, étang, courant, ruisseau, source,
fontaine, embouchure, confluent, lac, marais, bour-
bier, mare, météore, atmosphère, air, vent, pluie.
neige, orage, glace, nuage, nue, brouillard, tempête,
grêle, naufrage, navigation, voyage, agriculture,
moissonneur, pioche, bêche, charrue, faucille, faulx,
or, argent, fer, cuivre, étain, mercure, bronze, acier,
pierre, marbre, albâtre, chaux, mortier, ciment,
plâtre, gypse, soufre, craie, sable, verre, gravier,
caillou, grès, cendre, potasse, lessive, linge, étendoir,
lavoir, battoir, chaudron, cuvier, panier, corbeille,
journée, payement, étrenne, étourderie, sottise,
sévérité, réprimande, caprice, entêtement, opiniâ-
treté, dépit, grimace, bouderie, ingratitude, honneur,
honte, gloire, mépris, confusion, pauvreté, indigence,
charité, pitié, compassion, ramage, blanchissage,
chauffage, éclairage, aliment, boisson, vêtement, eau,
liqueur, café, sirop, orgeat, maigreur, grosseur,
largeur, épaisseur, laideur, beauté, difformité,
défectuosité, vertu, patience, douceur, aménité,
sagesse, modestie, vice, défaut, faiblesse, repentir.
Abandon, compassion, question, ardeur, cachet, bou-
clier, épée, sabre, fusil, pistolet, armée, armement, régiment, bataillon, légion, bâton, prison, verrou, guichet.

6ᵉ EXERCICE. (Cram. nᵒˢ 17-18-19.)

*Les élèves mettront au pluriel les articles et les subs-
tantifs ci-dessous.*

Le royaume, l'empire, la monarchie, l'état, le
gouvernement, la contrée, la province, le département,
la ville, la capitale, le village, le hameau, le souverain,
le roi, l'empereur, le prince, le dauphin, le duc, le
comte, le Seigneur, la reine, l'impératrice, la princesse,
la dauphine, la duchesse, la comtesse, le courtisan, le
flatteur, le conseiller, l'ami, le confident, la société, la
réunion, l'assemblée, la nation, le peuple, l'armée, le
directeur, le professeur, un affront, une affliction,

une punition, une correction, une portion, un légume, un fagot, un sarment, un bûcheron, une pension, une attention, une permission, une commission, une convulsion, une potion, une passion, une caution, une persécution, une tracasserie, une pétition, une fluxion, une réflexion, une hôtellerie, un hôtelier, une hôtesse, un officier, un présent, une offrande, un cadran, une montre, une pendule, une horloge, une coquille, une répétition, une charette, un cabriolet, une carriole, un char, un carrosse, un carton, une décision, un arrêt, un baudet, un mulet, un pâté, un écrit, un dessin, une résolution, un dessein, un projet, une idée, un désir, une désolation, une instruction, une perfection, une omission, une dérision, un pot, une peau, un chou, un cheval, un animal, un agneau, un hibou, un loup, une chèvre, une plante, un grenadier, le respect, l'hommage, l'attention, la fonction, le poulet, la poule, la fontaine, le chêne, la chaîne, le gland, le cyprès, l'ormeau, le paysage, la prairie, le pré, la jonquille, la tulipe, l'escargot, le limaçon, le ver, l'insecte, le serpent, la grenouille, le lézard, l'anguille, le brochet, l'alause, le moucheron, l'abeille,

7e EXERCICE.

Pour trouver la terminaison de la plupart des substantifs, il n'y a qu'à chercher leurs dérivés ; ainsi par exemple, je vois que le mot danger *se termine par un* r, *parce que son dérivé est* dangereux. *Les élèves compléteront les mots ci-dessous d'après leur dérivation.*

Le dépar.., la par.., le retar.., le regar.., le hasar.., le far.., le lar.., le dar.., le quar... le fer, l'argen.., le plom.., le dra.., le galo.., le cham.. de fromen.., le chan.. du lino.., le berge.., l'étrange.., le bouche.., le boulange.., l'orange.., le ra... le canar.., le placar.., le déga.., le solda.., le déba.., le débi.., le repo.., le do.., la do.., le cri.., le pli.., le dépi.., le crédi.., le pari.., le défi.., le commi.., l'accor.., l'accro.., le dégoû.., le bavar.., le bouvie.. le fusi.., le persi.., l'acqui.., le crapeau.., le froi.., le chau.., l'effroi.., le marchan.., le

commerçan.., le paren.., le procè.., le succè.., le ra-
bai.., le balai.., l'apprê.., le prê.., le lai..; le tami..,
le transport.., l'écri.., le valè.., l'exprè.., le méchan..,
le sournoi.., le grivoi.., le sour.., le mué.., le dévo..,
le bigo.., le gigo.., le balo.., le gourman.., le blon..,
le vagabon.., le moribon.., le bourbon.., le don.., le
corp.., le savoyar.., le suédoi.., l'alleman.., le françai..,
le bourgeoi.., l'anglai.., le pay.., le fon.., le fron.., le
grelo.., l'ar.. de plaire, l'ar.. de triomphe.., le pie.., le
dange.., le rô.., le furé.., le tapi.., le matelo.., le tra-
ca.., le fraca.., le profi.., le ressor.., le sor.., le mon..;
le pon.., le parfun.., l'encen.., l'engrai.., le refu.., l'avis,
le magistra.., le préla.., le souhai.., le chocola.., le rap-
por.., le suppor.., le frui.., l'appui.., le plan.. d'olivier,
le plan.. de la ville, le clima.., l'embarra.., le bois.., le
bra.., le dama.., le pui.., le trépa...

8ᵉ EXERCICE. Grammaire. nᵒˢ 8-9.)

*Les élèves distingueront les articles, en tirant un trait
de plume au-dessous.*

Je viens du champ, je vais à la vendange. Je vois
l'enfant, nous recevons une visite. Thomas veut de
l'argent, il va au cabaret. Vous achetez le raisin et le
melon du jardinier. Nous louons la remise, la cave, et
l'écurie. Vous prenez l'avis, vous suivez le conseil du
maître et de la maîtresse. Tu comprends la règle, tu
écris bien le mot, tu auras la récompense. Elles vont à
l'école plus volontiers qu'à la promenade. Elles reviennent du bain et retournent au bois. Elles font une aumône à la pauvre femme. Je donne une leçon à la nouvelle venue. Tu écriras à la plus ancienne élève. Tu
rendras un service essentiel à la voisine. Tu donneras
la corbeille au vannier. J'irai à la foire ; je porterai un
mandat au marchand. Il portera de l'étoffe au tailleur
et à la lingère. J'entends le tonnerre, tu vois l'éclair.
Elle va au sermon, elle a de la vertu. Les ouvriers travaillent à la fontaine. Tu consoleras le petit malheureux.
Nous donnerons du secours au pauvre étranger. Elle
frappe à la porte. Je blâme l'action de l'élève. Je loue la

répartie de l'enfant. Tu recherches le plaisir, tu fuisla peine. Je connais l'ami du professeur. Nous cueillons le fruit de l'amandier. Tu offriras un bouquet à la princesse. Je donnerai mes ordres au cuisinier et à l'économe. Il te demande une pomme. Voilà du melon. Elle se plaint du voyageur.

9e EXERCICE. (Gram. nº 19.)

Les Élèves mettront au pluriel les articles et les substantifs ci-dessus.

10e EXERCICE. (Gram. nº 20.)

Les Élèves mettront au pluriel les substantifs ci-dessous, après les avoir transcrits au singulier.

L'agneau, le veau, le taureau, l'oiseau, le moineau, le cerveau, le caveau, le rideau, le bureau, le radeau, le fuseau, le bateau, le flambeau, le bourreau, le trousseau, le fourneau, le gâteau, le rateau, le fardeau, le traîneau, le manteau, le pinceau, le marteau, le couteau, le fourreau, le godiveau, le louveteau, le lapereau, le plateau, le cadeau, le drapeau, le sceau, le pruneau, l'anneau, l'eau, le bandeau, le cerceau, le troupeau, le côteau, le tombeau, le tonneau, le passereau, le chevrau, la peau, le boyau, le noyau, le joyaux, le hoyau, le chou, le pou, le caillou, le hibou, le bijou, le joujou, le genou, le trou, le clou, le verrou, le licou, l'écrou, le filou, le fou, le sou, le cheveu, le neveu, le jeu, le vœu, le feu, l'aveu, le désaveu, le pieu, l'essieu, le lieu.

11e EXERCICE. (Gram. nº 21.)

Les élèves mettront au pluriel les substantifs ci-dessous.

Le cristal, le canal, le mal, l'animal, le végétal, le minéral, l'arsenal, le confessional, le corporal, le métal, le caporal, le cheval, l'étal, le fanal, le local, le bocal, le vassal, le capital, l'amiral, le général, le cardinal, le signal, le quintal, le journal, le tribunal, l'hôpital, le provincial, le provençal, le radical, l'original, le rival, le travail, le soupirail, l'émail, le bail, l'ail, le portail, l'épouvantail, l'éventail, le bétail, l'attirail, le camail, le gouvernail, le carnaval, le bal, le régal.

Le matelas, le compas, le cadenas, le bras, le bas, le repas, le tas, le tracas, l'embarras, le fracas, le taffetas, le procès, l'accès, l'excès, le progrès, l'abcès, l'exprès, le rabais, le rubis, le panais, le palais, la brebis, la souris, le tapis, le tamis, le velours, le discours, le cours, le secours, le dehors, la voix, la noix, la croix, le boix, la perdrix, le prix, le louis, le vernis, l'avis, le nez, le riz, le mépris, le mors, le remords, l'encens, le temps, le printemps, le panaris.

12e EXERCICE. (Gram. nos 19-20-21-22.)

Les élèves mettront au pluriel les substantifs ci-dessous.

Le chien, le chat, le loup, la brebis, la souris, le palais, le hibou, le moineau, le joujou, le vœu, le souhait, la voix, la croix, le cheval, la jument, la dent, le gant, le diamant, le bâtiment, le régiment, le commandement, la perdrix, la caille, la fourmi, le puits, le décès, l'abcès, le cyprès, l'animal, le général, le carnaval, le soupirail, le travail, le portail, le détail, le bal, le régal, le journal, le nez, le riz, la noix, l'épouvantail, la chaîne, le chêne, le platane, le tilleul, le métal, l'émail, l'ail, le bétail, le bail, le canal, le camail, le perdreau, l'eau, le mal, le noyau, le carreau, le gigot, le veau, le souci, le chameau, le dromadaire, l'éléphant, le prix, le discours, le velours, le taffetas, le cadenas, le neveu, le jeu, l'essieu, le bijou, le genou, le trou, le licou, le caillou, le chou, le filou, le fou, le sou, le chapeau, le ruisseau, le coffre, le lambeau, le désaveu, le ruban, le commandement, le fanal, la balance, la trompette, l'exprès, le balai, le marais, le verrou, le secours, le tambour, la cigale, le cigare, l'abus, le vernis, la gomme, l'enveloppe, l'écorce, la peau, le pot, l'allumette, la girouette.

13e EXERCICE. (Gram. n° 24.)

Les élèves mettront la terminaison des qualificatifs ci-dessous, selon la règle des dérivés.

Un homme méchan, gourman, lège, frivol, inconstan, désobéissan, contrarian, méconten, bavar, babillar, indiscre, hardi, insolen, arrogan, dur, insensible, fainéan, malpropre, dérangé, impoli, grossier, incivil, malhonnète, tracassie, violen, emporté, rancunie, avare, indévo, sournoi, nonchalan, indolen, ingra, vain, hautain, inhumain, insoucian, désobligean, impatien, importun ignoran, stupide, bossu, tortu, lour, lai, désagréable, opiniâtre, entété. — L'instituteur habile, savan, pruden, indulgen, patien, sévère, exa, discré, éclairé, vigilan, clairvoyan, assidu, affectionné, zélé, sage, modeste, honnête, civil, poli, instrui, charitable. — Le puits, ron, carré, profon, obscur, plein, vide, large. — L'habit, noir, ver, gri, bleu, rouge, cour, lon, étroi, joli, élégan, propre, riche, brillan, orné, déchiré, sali, blanchi, rapiécé. L'enfant blon, caressant, prévenan, obéissan, obligean, gai, genti, turbulen, étourdi, charman. — Le gran chapeau, le peti tablier, le hau clocher, le bain chau, le pays froi, le rosier fleuri, le joli parterre, le parfum exqui, le récit intéressan, le conte amusan, le mal accablan, l'espoir consolan.

14e EXERCICE. (Gram. n° 23.)

Les élèves mettront au féminin singulier les qualificatifs ci-dessus, après qu'ils auront été corrigés.

15e EXERCICE. (Gram. n° 27.)

Les élèves mettront au masculin pluriel, et ensuite au féminin pluriel, les qualificatifs ci-dessus.

16e EXERCICE. (Gram. n° 27.)

Les élèves mettront au pluriel les substantifs ci-dessous, avec les qualificatifs qui s'y rapportent.

Un ouvrage nouveau, le beau châle, le riche cadeau,

le grand manteau , le vice capital , le conte immoral ,
le point final , l'officier municipal , l'évènement fatal ,
le motif principal, le discours moral, le principe général, l'homme déloyal, l'exercice grammatical, le char-
retier brutal , le vent glacial , le cierge pascal , le four
banal, le repas frugal, un air provincial, un usage provençal, un peuple septentrional, un pays méridional ,
un poème oriental, un procés-verbal, un principe fon-
damental, un point cardinal, un adjectif numéral, un
poids décimal, un jugement doctrinal, un juge impartial , un témoin illégal , un siège épiscopal , un ornement sacerdotal, un notaire royal, un décret impérial,
un garde national, un fou original, un son nasal, un
combat naval, un soin spécial, un sirop pectoral.

17ᵉ EXERCICE. (Gram. nᵒˢ 25-26.)

*Les élèves feront accorder les qualificatifs ci-dessous
avec les substantifs auxquels ils se rapportent.*

Ton père et ton oncle seront content... ; ta mère et
ta sœur seront conten... ; Édouard et Rosine étaient
conten...—Le curé et l'instituteur furent satisfai... ; la
dame et l'institutrice furent satisfai... ; le maître et la
maîtresse furent satisfai...—Pierre et Antoine étaient
étranger... ; Alodie et Claire étaient étranger... ; Charles et Marie étaient étranger...—Vous avez le pied et
le genou enflé... ; tu avais la jambe et la cheville enflé..
—Joseph et Benoit étaient ravi... de voyager; Thérèse
et Lucie furent ravi... de vous voir ; Virginie et Urbain
paraissent ravi... de ce spectacle. — Nous avons un
corbeau et un merle apprivoisé... ; une linotte et un se-
rin apprivoisé... ; une corneille et une pie apprivoisé..
— On a laissé la porte et la fenêtre ouver.. ; j'ai vu le
jardin et le verger ouver... ; elle dort la bouche et les
yeux ouver... — Cet abricot et cette figue paraissent
mûr... et prê... à être cueilli... ; cette pomme et cette
poire paraissent mûr... et prê.. à être cueilli . ; ce raisin et ce melon son mûr.. et prê.. à être cueilli... —
Henri porte la barbe et les cheveux très-cour... — Lucie a l'oreille et la voix fau... — Adrien a la tête et la

poitrine fatigué...—André a le dos et le cou trop lon..
— Voilà une jupe et une chemise trop étroi...; un corset et un tablier trop étroi... ; une chausette et un sou-
lier trop étroi...— Mélanie et son frère sont plus fin..,
plus rusé..., plus clairvoyant..., plus actif... que moi.
— Rose et Prosper sont très-instrui... pour leur âge.
— Elle a montré une prudence et un courage étonnan..., une sagesse et une intrépidité étonnan... ; une
patience et une générosité admirable..—Vous avez une
fille et un fils désobéissan... et entêté.

18ᵉ EXERCICE. (Gram. nᵒ 29.)

*Les élèves compléteront les qualificatifs ci-dessous
et les transcriront ensuite : 1ᵒ au féminin singulier ;
2ᵒ au masculin pluriel et 3ᵒ au féminin pluriel.*

Un homme so, gra, épai, cruel, maladif, soucieu.
— L'élève vif, attentif, spirituel, intelligen, studieu,
appliqué. — Un mal temporel, continuel, éternel. —
Un ancien usage, un vieil habit, un chapeau neuf, un
vieu manteau. Le bel ornement, le bon papier. — Le
garçon mué, sour, estropié. — L'écolier menteu, joyeu,
rapporteu, querelleu, moqueu, railleu, parleu, vo-
leu, jalou, orgueilleu, vicieu, envieu, capricieu,
honteu, confu, bilieu, malheureu, curieu. L'élève
soigneu, vertueu, laborieu. Un dou plaisir, un fau
honneur.—Du fil rou.—Un mal extérieu et intérieu.
— Un talen supérieu. Le foudre vengeu. — Un homme
pécheu. —Le Dieu créateu, réparateu, rédempteu est
rémunérateu. — Un jeune homme mineu ou majeu.
— Un livre dangereu. — Un front majestueu. — Un
sourire dédaigneu. — Un chien hargneu. Un cheval
rétif, l'esprit craintif, vindicatif, inventif, ingénieu.
Le valet actif et respectueu. — Un raisin tardif. Un
conte instructif. — Un abricot hâtif. — Un fléau dé-
vastateu. — Un soin excessif. — Un bras vengeu. —
Un journal quotidien. — Un religieu profè. — Un
homme bouffon. — Le cœur ba. — Le poil ra. — Un
effort nul. — Un discours bref.

19e EXERCICE. (Gram. n 29.)

Les Élèves compléteront les qualificatifs ci-dessous, suivant le genre et le nombre des substantifs auxquels ils sont joints, en observant de mettre l'article des devant le substantif suivi du qualificatif, et l'invariable de ou d' devant le qualificatif suivi du substantif.

Des maisons magnifiques. — De magnifiques maisons. — D.. jardins superbe.. — D.. superbe jardins. — D.. bocages frai. — D..frai bocages. — D.. soldats hardi et vaillan. — D.. hardi et vaillan· soldats. — D.. sapins hau et vigoureu. -- D.. hau et vigoureu sapins. — D.. fruits excellen. — D.. excellen fruits. — D.. vallées rian.. — D.. rian.. vallées. — D.. parures brillan. — D.. brillan parures. — D.. paroles indiscrèt. — D.. indiscrèt paroles. — D.. richesses immense. — D.. immense richesses. — D.. merveilles étonnan. — D.. étonnan merveilles. — D.. malheureu enfants. = D.. enfants malheureu. = D.. chaleurs excessive. — D.. excessive chaleurs. — D.. panaches blan. — D.. blan ˙panaches. — D.. récits plaisan. — D.. plaisan récits. — D.. lon.. bras. — D.. bras lon. — D.. fau plaisirs. — D.. plaisirs fau. — D.. fade jouissances. — D.. jouissances fade. = D.. splendide festins. — D.. festins splendide. — D.. soirées froi et humide. — D. froi et humide soirées. — D.. adroits filous. — D.. filous adroits. — D.. espérances vaine. — D.. vaine espérances. — D. joies pur et délicieu. — D.. pur et délicieu joies. — D.. frivol amusemens. — D.. amusemens frivol. — D.. vignobles fertil. — D.. fertil vignobles. — D..enfans gai et joli. — D. gai et joli enfans. — D. gentil demoiselles. — D.. aimable personnes. — D.. route tortueu. — D.. tortueu sentiers. — D.. hommages solennel. — D.. solennel hommages. — D.. profon respects. — D.. charman paysages. — D.. amusan lectures. — D..pauvre femmes. — D.. talens rare. — D,. rare talens. — D.. épouvantable catastrophes. — D.. ridicule prétentions. —

D.. affreu malheurs. — D.. éclatante victoires. — D.. triomphes glorieu. — D.. ver prairies. — D.. méchan garçons. — D. ouvrages merveilleu. — D. agréable climats. — D.. saint prélats. — D.. douleurs cruel. — D.. amer chagrins. — D.. réprimandes sévère. — D.. couleurs changean. — D.. verdoyan bosquets. — D. odoran citronniers. — D.. florissan chrétientés. — D.. blanche couronnes. — D.. adieux attendrissan. — D.. discours lamentable. — D.. abondan aumônes. — D.. fruits abondan. — D.. large fossés. — D.. étroi prisons. — D.. paroles étrange. — D.. étrange paroles.

RÉCAPITULATION

SUR L'ACCORD DES ADJECTIFS QUALIFICATIFS.

Les Élèves corrigeront les fautes quelles reconnaîtront dans les qualificatifs ci-dessous, et les feront accorder avec les substantifs auxquels il se rapportent.

Les Français sont poli, actif, spirituel, vaillan, gai, hospitalie, ils ont l'imagination vives, ardente; ils sont habil à la guerre, industrieu dans la paix; mais ils passent pour légé, frivol et inconstan.

Les Anglais sont brave, inventif, gran politique et habile navigateurs. La haute classe est honnêtes et généreuse, la basse est grossières et insolentes.

Les Allemands son gran, robuste, sincère, laborieu, mais peu sobre.

Le Belge est belliqueu, brave, probe, courageu, bon catholique, et d'une propreté remarquables.

Les Russes sont d'une taille moyennes, fort, robuste, bon soldats; mais paresseu et d'une humeur serviles.

Le Suédois est poli, laborieu, courageu, capables des plus grande fatigues, jalou de l'honneur, amateur des sciences et des arts.

Le Lapon est très-peti, lai, difforme, paresseu, ignoran, sale, et presque sauvages. Il passe l'été dans de vile cabanes et l'hiver dans des autres souterrain.

Les Italiens sont civils, hospitalie, excellent musicien, de mœurs douce; mais ils passent pour vindicatifs, dissimulé, et plus susperstitieu que dévo.

Les Espagnol sont sobre, patien, spirituel, bon navigateur, mais traître et fort paresseu.

Le Suisse est robustes, fidèles, droi, simple, naïf et très-attachés à son pays.

20ᵉ EXERCICE. (Gram nº 30.)

Les Élèves feront accorder les pronoms avec les subs-tantifs dont ils tiennent la place.

Voilà un enfant *qui* pleure ; allons *l.* parler, *l..* consoler ; *il* essuiera ses larmes. — Voilà des enfant *qui* pleurent ; allons *l..* parler, *l..* consoler ; *il* essuieront leurs larmes. — Ce pommier est couvert de fleurs, *il* portera beaucoup de fruits. — Ces pommiers sont couverts de fleurs, *il* porteront des fruits. — Tes cousines ont perdu leurs livres ; *el..* demandent *ce...* de Claire. — Mes poires sont plus grosses que *les tien...* ; et *ce...* de Flore sont meilleures que *les nô...* — Les élèves étudient ; *il* réciteront bien, *il...* feront des progrès et nous *l..* récompenserons au lieu de *l..* punir ; nous *l..* louerons au lieu de *l..* adresser des reproches. — Henriette étudie ; *el..* récitera bien, *el..* fera des progrès, et *je l..* récompenserai au lieu de *l..* punir ; *je l..* louerai au lieu de *l..* adresser des reproches. — Les maîtresses regardent autour *d'el..*, *el..* paraissent mécontentes ; demandez-*l..* ce qu'*el* désirent. — Les rossignols chantent ; *il..* construisent leurs nids, *il.. l..* tapissent avec de la bourre et *il* déposeront leurs œufs. — Ce fruit n'est pas mûr ; prends *cel..-ci*, *il..* sera meilleur. — Ces fruit ne sont pas mûrs ; prends *ce..-ci*, *il..* seront meilleurs. — Ne cueille pas ces roses, choisis *cel..-ci*, *el..* son plus belles. — Tes crayons na valent rien ; essaie *l.. mien..* ou *c..* de Rosa ; *il* paraissent bons. — Tes pantoufles sont plus jolies que *l.. mien...* — J'ai vu votre jardin, *il..* est plus vastes que *l.. nô..* mais *ce..* de Philippe est mieux cultivé que *l..vôt..* — Voilà une fille studieuse ; encouragez-*l..*, donnez-*l..* des images ; *el.. l..* conservera soigneusement. Arrosez ces arbustes *il..* pareront votre parterre. — Voyez ces hommes ; *il* vont, *il..* viennent, *il..* entrent, *il..* sortent, *il..* courent, *il..* s'arrêtent; *il* ne savent ni ce qu'*il..* disent ni ce qu'*il..* font. — Vos plumes ne valent pas *cel..* de Julie et *ce..* de Julie ne valent pas *l.. mien.* — Voici votre amie: ouvrez-*l..* la porte, faites-*l..* entrer, présentez-*l..* une chaise, offrez-*l..* des rafraîchissements, et tâchez de *l.. consoler,* de *l..* distraire du moins, de la perte qu'*el..* vient de faire. Voici vos amies, ouvrez-*l..* la porte, faites-*l..* entrer, présentez-*l..* des chaises, offrez-*l.* des rafraîchissements, et tâchez de *l..* consoler, de *l..* distraire du moins de la perte qu'*el* viennent de faire.

24ᵉ EXERCICE. (Gram. nᵒˢ 54-58.)

Les Élèves placeront les lettres majuscules selon la règle.

On divise la terre en cinq parties principales qui sont : l'europe, l'asie, l'afrique, l'amérique et l'océanie. les villes les plus remarquables de l'europe sont : paris en france, londres en angleterre, rome en italie et constantinople en turquie. adam et eve sont nos premiers parents. joseph et suznane furent des modèles de chasteté ; job est un miroir de patience et de résignation à la volonté de dieu. il y a trois personnes en dieu : le père, le fils le saint-esprit. jésus-christ est né à béthléem sous l'empire d'auguste ; il a vécu inconnu à nazareth, petit village de galilée, l'espace de trente ans, et après avoir prêché l'évangile dans toute la judée, il a été crucifié à jérusalem sous ponce-pilate qui gouvernait alors pour les romains. le seigneur donna sa loi aux hébreux, sur la montagne de sinaï. on estime les vins de bourgogne et de champagne, les vinaigres d'orléans, les dragées de verdun, le miel de narbonne, le beurre de bretagne, les marrons de lyon, les jambons de bayonne, les indiennes de rouen, les dentelles de valenciennes, les papiers d'annonay, les savons de marseille, et les fruits du midi de la france. clovis est le premier de nos rois qui ait embrassé le christianisme ; il fut baptisé par saint-remy, évêque de reims. saint louis de gonzague a été donné pour patron à la jeunesse chrétienne par le souverain

pontife benoît xiii. lucien , adolphe , mélanie et ger-
trude sont d'aimables enfants qui se distinguent par
leur tendre dévotion envers la très-sainte vierge marie.
henri montre du goût pour l'étude de l'histoire et de
la géométrie. lucette a cueilli des fleurs pour en faire
une couronne à l'enfant jésus.

22ᵉ EXERCICE. (Gram. nº 59.)

Les Élèves placeront les articles le, la, les, l', du, des,
au, aux, un, une, *suivant le sens des phrases ci-dessous.*

J'ai vu donner... prix... enfans... village... — Il
va... couvent pour vendre... fruits... jardin qu'il a
loué... bout de... ville. — Jésus-Christ est descendu...
ciel pour... salut... hommes; il a brisé... puissance...
esprits malins. — Dieu donne à tous... moyens de salut... petits comme... grands... ignorans comme...
savans.... pauvres comme.... riches.... hérétiques
comme... fidèles... barbare comme à... homme ci-
vilisé.... sauvage comme à.... habitant.... cités. —
.... enfant docile est.... joie de sa mère. — .... homme
obéissant vaut mieux qu'...homme vaillant.—... enfans
que j'ai vus étaient très attentif... paroles... leur
maître et très-soumis... volontés... surveillant. —Nous
avons vu... lion énorme et... tigre furieux qui ont
effrayé... femmes... quartier. — On arrive... champs
et on retourne.... vendanges. — .... humiliations....
mépris... épreuves ne doivent point abattre... courage d'... chrétien. — .... esprit... cœur... mœurs...
caractère, tout gagne à... culture. — ... corruption...
mœurs... perte de... foi... irréligion sont... source
de... plupart... maux qui affligent.. humains. — Nous
connaissons... habitans... hameau qui fréquentent...
paroisse, et qui ont... confiance... curé. — Frédéric
a... beau jardin avec... charmante volière. — Voilà...
lait... gâteau et... fraises délicieuses pour... goûters..
élèves. — ... enfan pieux sera béni... Seigneur, Re-
commandons-nous... prières... saints. — Ne refusez
jamais... aumône... pauvres. — Portez... pain et de...
ouvrage... filles... meunier. — Mettez de... huile...

quinquets. — N'écoutez point... portes. — Puisez de...
eau à... fontaine. — Donnez... vin... soldats. — Re-
courez... lumières... autres. — ... humilité est... fon-
dement... vertus. — ...oisiveté est... mère de tous...
vices. — ... Imtempérance tue plus d'hommes que...
abstinence et... jeûne.

23ᵉ EXERCICE. (Gram. nᵒ 42.)

*Les Élèves désigneront les adjectifs possessifs en tirant
un trait au-dessous, à mesure qu'elles copient.*

J'ai terminé mon devoir ; ma tante sera satisfaite de
mon cahier et de ma broderie. — Mélanie copie son
analyse dans ton livre. — Rose a perdu son aiguille et sa
soie ; elle n'ose le dire à sa sœur. — J'ai vu ton oncle
et ta cousine, ils viendront demain avec ton frère et
ta nièce. — Je couperai mon bonnet et mon corset ; je
coudrai ma robe et ma pélerine parce que ma sœur est
malade. — André est tout fier de son bel habit neuf et
de son beau cheval blanc. — Elise garde son chagrin
avec son secret ; elle regrette fort son amie et sa cousine. — Auguste demande sa clef ; il veut renfermer
son livre et sa carte de géographie. — Votre oncle et
votre tante viennent d'arriver avec leur fils et leur fille ;
ils ont envoyé leur domestique et leur cheval à l'hôtel.
— Vous enverrez notre aumône à notre ancienne pro-
tégée. — Votre plume métallique est usée. — Votre joli
cahier bleu est taché. — Notre giroflée rouge est très-
jolie. — Claire et Albine on porté leur offrande à
l'autel de Marie. — Ernestine a terminée sa belle tapisserie et son charmant paysage ; elle en a fait cadeau à
son amie. — Térèse souffre son mal et supporte sa
peine avec une patience héroïque. — J'ai ourlé votre
mouchoir noir et ma jupe bleue. — Nous apprécions
bien plus son mérite et sa vertu que son sublime talent.
— Eliza fait sa prière comme un ange, elle remplit
son devoir avec exactitude. — Henriette et Paul n'ont pas
su leur leçon parce qu'ils n'ont pas étudié : leur professeur en est indigné. — Blanche a montré à sa maîtresse son cahier d'écriture, sa belle garniture et son
charmant tabouret.

24ᵉ EXERCICE. (Gram. nᵒ 42.)

*Les Élèves mettront au pluriel les adjectifs posses-
sifs-ci dessus, ainsi que les substantifs auxquels ils sont
joints.*

25ᵉ EXERCICE. (Gram. nᵒ 43.)

*Les Élèves copieront les phrases ci-dessous, mar-
queront d'un trait les adjectifs démonstratifs, et les
compléteront suivant le genre des substantifs auxquels
ils sont joints.*

Ce...ange éclatant de lumière, C... séraphin brûlant
d'amour. C. . homme habile et laborieux. C... cheval
rétif et ombrageux. C... aimable et vertueuse personne
C... arbres toujours verts. C... arbrisseau couvert de
fleurs. C... femme économe et rangée. C... chemin
fleuri. C... route tortueuse. C... ornement pontifical.
C... manteau bleu. C... plan horizontal. C... ouvrage
sentimental. C... évènement fatal. C... devoir épiscopal. C... agréable climat. C... palais somptueux. C...
maison ruinée. C... élégante parure. C... officier plein
de bravoure. C... vaillant capitaine... C... hardi marin.
C... hommage respectueux. C... respect filial. C... vent
glacial. C... pain bénit. C... eau bénite. C... talent supérieur. C... cœur généreux. C... âme loyale et candide.
C... esprit fin et rusé C... savant et pieux cardinal. C...
général expérimenté. C... orgueilleuse créature. C...
étroit et long canal. C... rival dangereux. C... estima-
ble négociant. C... point final, C... intrépide caporal.
C... homme droit et loyal. C... pays fertile. C... journal
instructif et amusant. C... femme étourdie et légère.
C... affaire embrouillée. C... combat naval. C... ef-
frayante figure. C... voix menaçante. C... poids décimal. C... pois odorant. C... tribunal sévère et impartial.
C... travail pénible. C... camail violet. C... portail magnifique. C... vaste hôpital. C... honneur particulier.
C... superbe fanal. C... esprit infernal. C... étroit soupirail. C... héros expirant. C... habile avocat. C... em-
blême ingénieux. C... extravagance inouïe. C... admirable tableau.

26ᵉ EXERCICE. (Gram. nº 43.)

Les Élèves mettront au pluriel l'exercice ci-desus.

27ᵉ EXERCICE. (Gram. nº 45.)

Les Élèves écriront en toutes lettres les nombres ci-dessous.

1, 2, 3, 4, 5, 6, 7, 8, 9, 10, 11, 12, 13, 14, 15, 16, 17, 18, 19, 20, 21, 22, 30, 33, 40, 44, 45, 5., 56, 60, 67, 70, 71, 80, 82, 90, 94, 100, 104, 110, 200, 500, 1000, 2000, 3000, 100,000, 1,000,000, 2,000,000, 400,000,000, 1760, 1836, 1843, 1857.

28ᵉ EXERCICE. (Gram. nᵒˢ 43, 281, 282, 283, 284.)

Les Élèves copieront l'exercice ci-dessous, et mettront en toutes lettres les adjectifs numéraux exprimés en chiffres.

La France contient environ 32,000,000 d'habitants — Un des plus célèbres édifices de la Chine est la tour de porcelaine, haute de 280 pieds et au sommet de laquelle on arrive par un escalier de 400 marches. — Charlemagne fut élu empereur l'an 800. On prétend que Salomon avait dans ses écuries 40,000 chevaux d'attellage et 12,000 chevaux de main. — On assure que les porte-faix de Constantinople portent un poids de 900 livres sur leurs épaules. — Je dois 280 francs à mon marchand et 86 à mon tailleur. — Avez-vous reçu les 20 chemises, les 15 mouchoirs et les 4 bonnets que je vous ai envoyés ? Il y en a pour 180 francs- Avez-vous vu les 100 volumes que je viens d'acheter. ? Ils valent bien les 100 écus qu'ils me coûtent. Je vous envoie les 2,000 plumes que vous me demandez. — Xercès, roi de Perse, vint attaquer les Grecs avec une armée de 1,100,000 combattans. — Charles 10 a régné en France depuis 1824, jusqu'en 1830. — Sur toute la surface du globe, il naît et il meurt 3,000 personnes par heure. — La fameuse mine d'argent dans le Potosi a plus de

250 toises de profondeur. — On assure que Callima-
que et Aristarque ont composé chacun plus de 1800 volumes. — Philippine est née en 700 et elle est morte
en 1780.. — Paul fut malade depuis le 3 mai 1796 jusqu'au 25 septembre 1 00. — Ces bijoux ne valent certainement pas les 20 louis qu'en vous en demande..Nous
avons lu un trait bien intéressant dans le chapitre 80,
page 600, du livre que vous m'avez prêté. Édouard a
aujourd'hui 15 Mars 1857, 21 ans accomplis, et sa
sœur entrera demain dans ses 20. Dans plusieurs contrées, on compte les distances par *mil...* : une de nos
lieues vaut un peu moins de 3 mil... d'Angleterre. Les
9 mois que nous avons passés ensemble se sont écoulés
rapidement. Laurence a loué une maison de campagne
à 5 mil... de Milan. Il n'y a pas encore 6000 ans que le
monde existe.

29ᵉ EXERCICE. (Gram. nᵒˢ 51-52.)

Les Élèves mettront CES *ou* SES, LEUR *ou* LEURS,
suivants le sens des phrases ci-dessous.

Ces bons enfans ont taillé leur... plumes; ils ont très-
bien récité leu... leçon de géographie et leu... livret,
ils seront sûrement récompensés de leu... zèle et de
leu... constante application. — ... élèves aiment leu...
premières Maîtresse comme leu... mère et elles chéris-
sent léu... compagnes comme leur... sœurs. — Claire
remplit... devoirs avec exactitude ;... talens, vertus
font la joie de... maîtresses et de... parens. — Nous
étions dans le ravissement à la vue de. . vastes et magnifiques plaines, de... campagnes riantes, de..
champs couverts de moissons, de... côteaux courou-
nés d'oliviers, de... vallons fleuris entrecoupés de ruisseaux qui les fertilisent. — L'homme vertueux doit
régler... désirs... goûts... travaux... paroles... actions, non sur les maximes du monde, mais sur celles
de l'Évangile. — Apportez ici.., gravures... crayons...
couleurs... pinceaux ; nous ferons des paysages. —
Vos élèves ont-elle travaillé? Êtes-vous contente de
leu... progrès? Leu... parens désirent savoir de leu...

nouvelles ; envoyez-leur quelques-uns de leu... dessin et de leu... broderie ; ils jugeront eux-mêmes de leu.. capacité. Examinez... bijoux ; vous conviennent-ils ?... boucles d'acier ont beaucoup d'éclat... pendants sont très riches ; mais... objets-là coûtent fort cher, et je suis persuadée que vous préférerez à... brillantes bagatelles, le délicieux plaisir de soulager la pauvre Marguerite qui n'a que... deux bras pour nourrir... sept enfans en bas âge. — Eudoxie a perdu... cahiers et... livres ; ... devoirs en souffriront, et compagnes prendront leu... temps et leu... peines à l'aider dans... recherches. Si elle mettait de l'ordre dans... effets... petits inconvéniens seraient moins fréquens. — ... pauvres colons virent de loin les sauvages piller leu... maisons, ravager leu... champs, enlever leu.. troupeaux et leu.. récoltes, mettre le feu à leu... plantation de café et exercer ensuite leu... barbarie sur leu... deux infortunés prisonniers. — J'ai vu Ernest cueillir... quatre belles pêches ; les emporter dans... poches et les manger avec... ses camarades. — Que deviendront... riches avares... savans orgueilleux... tyrans de leu .. frères... hommes de plaisir, quand il leur faudra paraître devant Dieu et soutenir... regards irrités ?

36e EXERCICE. (Gram. n° 59.)

Les Élèves mettront ce *ou* se, c' *ou* s', *suivant le sens des phrases ci-dessous.*

Ce prince *se* flatte. — ... général... distingue. Cet enfant... désole, il... ennuie. — ... soldat... meurt des suites de ses blessures — On ne doit... appliquer qu'à... qui peut être utile. — Amélie ne... met point en peine de faire... qu'on lui recommande. — Ces hommes sans religion, ces impies de profession... trouveront bien surpris à la mort, quand ils... verront dépourvus de tout... qui pourrait leur être utile. — .... qui fait le bonheur des peuples,... est la religion pratiquée dans toute son étendue. — Craignez un Dieu vengeur et tout... qui le blesse,... est là le premier

pas qui mène à la sagesse.—... est une chose louableque
de... rendre utile à... semblables. — ... enfant... est
fait mal en... balançant sur... banc. La plupart des
hommes au lieu de... soulager , de... consoler , de...
supporter... de .. aimer mutuellement... son presque
toujours haïs les uns les autres... est le péché qui est
la cause de... mal. — ... sont les citoyens les plus vertueux qui... sont montrés les plus dévoués pendant
l'épidémie. — L'homme qui... estime trop lui-même...
fait mépriser des autres et... prépare des regrets;...
est le sort ordinaire de l'orgueilleux. — Le vent... est
fait sentir hier soir, et le tonnerre... est fait entendre
ce matin. — ... fut Grégoire qui commença à parler
quand chacun... fut assis. — ... était un de vos amis
qui... était présenté, mais il ne... est pas fait connaître. — ... sont nos alliés , qui les premiers... sont
précipités sur l'ennemi. — Ces personnes... vantent
parce qu'elles ne... connaissent point. —... sera Joseph
qui récitera le poème , quand il... sera convenablement exercé. — On dit qu'il y a quatre jets d'eau dans
votre jardin ;... doit être beau à voir. — Chacun de
nous... doit mutuellement des égard.

31ᵉ EXERCICE. (Gram. nᵒˢ 58-60.)

Les Élèves mettront au pluriel les phrases ci-dessous.

Voilà un bel oranger : le tien, le sien, le mien ne
sont pas si hauts. Antoinette et Sophie ont arrosé le
leur qui est bien plus beau que le nôtre. — La rose est
plus belle que l'œillet ; cependant je préfère celui-ci à
celle-là. — Le bon, comme le méchant, est exposé aux
épreuves ; mais celui-ci en abuse, tandis que celui-là en
profite pour son salut. — Si mon travail est utile, le vôtre l'est encore plus. — Mon amie est arrivée ; quand
viendra la vôtre ? Ton jardin est plus vaste que celui
de Ferdinand ; mais la maison de Ferdinand est plus
ornée que la tienne. - Ta robe et la mienne sont de
la même étoffe que la leur. Mon appartement est moins
commode que celui de Coralie. — J'ai oublié mon livre
prêtez-moi le vôtre ou celui de Léonie. — Ta sœur

est plus instruite que ton frère, parce que celui-ci ne sait que jouer, tandis que celle-là étudie sans cesse. — L'homme esclave de ses passions est infiniment plus à plaindre que celui qui gémit dans les fers ; celui-ci n'a qu'un seul maître, celui là a autant de tyrans que de désirs. — La solide vertu est préférable à un grand talent ; celui-ci nous expose à l'orgueil, celle-là nous mérite la gloire du ciel. — Ce jeune homme et sa sœur se sont rendus également recommandables ; celle-ci par sa charité envers les pauvres, celui-là par sa rare capacité dans les affaires. — Son professeur est content ; le tien et le mien le sont-ils aussi ? Ta plume ne va pas, prends la mienne ou celle de Fanchette.

52e EXERCICE (Gram. no 61.)

Les élèves mettront les mots qui, que, dont, lequel, duquel, laquelle etc., *suivant le sens des phrases ci-dessous.*

Ce magnifique sapin... vous admirez la pyramide touffue et... les branches servent d'abri aux animaux, a été planté par mon aïeul. — J'achetterai l'outil... j'ai besoin et... vous refusez de me prêter. — Antoine cultive un champ... il donne tous ses soins et pour l'amélioration... il ne néglige rien. — L'enfant à vous vous apprenez à lire et... vous donnez des soins, n'est pas celui pour... on s'intéresse le plus. La personne à la... vous adressez nos hommages, est précisément celle pour la... vous avez refusé de vous employer. — Voici une gravure... m'a été donnée par mon frère, le... l'avait reçue lui-même en récompense de son application. — ... est l'occupation à la.... vous vous plaisez de préférence ? — Le... choisirez-vous de ces mouchoirs ? = La... prendrez-vous de ces pommes ? — L'élève... je vous parle et... vous m'avez recommandé, est celui pour le... on sollicite une place au collège. — Voilà une brochure dans la... vous trouverez des choses... vous intéresseront. — L'enfant à .. vous donnez une image et... vous me faites l'éloge a désobéi à son maître. — L'ouvrage.... vous vous appliquez et... vous désirer achever ce soir, plaira beaucoup à la dame... vous l'a demandé. — La statue à la... vous attachez tant de prix et... vous refusez de vendre a été rapportée cher vous. — Vous ne connaissez pas le danger... vous vous exposez en fréquentant l'amie vicieuse... la société vous est si agréable et... vous avez donné votre confiance. — Voilà un cerisier.... on nous a défendu de toucher. — Vous avez perdu le canif... vous vous serviez et... votre amie vous avait prêté.

33e EXERCICE. (Gram. no 61.)

Les élèves mettront au pluriel les substantifs ci-dessus et feront accorder les pronoms relatifs qui s'y rapportent.

34e EXERCICE. (Gram. nos 75-76-77.)

Les élèves désigneront le sujet en tirant un trait au-dessous, et feront l'accord du verbe.

Je li.., tu écri.., ta sœur dor.. — Je parle.., tu écoute.., l'enfant chante. — Je travaille, tu tricote, le maçon bâti. — J'écrivi, tu dessina, ton frère regarda. — Je copie l'analyse, tu taille la plume, la maîtresse dicte la leçon et corrigera le devoir. — Hier je marchai vîte, tu suivai lentement, l'enfant courai joyeusement. J'étudiai l'histoire, tu chantai la romance, ton amie battai la mesure. Elle parle, elle chante, elle ri, et ne travaille pas. — La semaine dernière je pri, tu pri, elle pri des bains. — Je souffri, tu souffri, elle souffri patiemment. La maîtresse désirerai que que j'apprisse; que tu apprisse qu'elle appri la grammaire : elle veu que je revienne, que tu revienne, qu'elle revienne de la campagne. — Je croi en Dieu, j'espère en lui et je l'aime de tout mon cœur. — J'ai tu a, elle a confiance en Marie; je ser, tu ser, elle ser cette bonne mère, — Tu écrira le billet et ton frère le signera. Tu compte ton argent: tu reçoi tes rentes, tu joui de ton bien. tu aura du souci. — Tu regretta et tu pleura beaucoup ton amie. — Je voi, tu voi, elle voi le soleil. — Je sen, tu sen, elle sen la violette. — Je démen, tu démen, elle démen cette nouvelle. — Je plai, tu plai, elle plai au Seigneur. — Je ba, tu ba, elle battra le grain. — Je cour, tu cour, elle cour rapidement. — Je fi, tu fi, elle fi, un faux pas. Je cousai, tu cousai, elle cousai des chemises. Je blanchissai, tu blanchissai, elle blanchissai du linge. Tu brodera, elle brodera cette robe.

35ᵉ EXERCICE. (Gram. nᵒ 75-76-77.)

Les élèves mettront les sujets au pluriel, et feront l'accord des verbes ci-dessus.

36ᵉ EXERCICE. (Gram. nᵒˢ 75-76-77.)

Hier j'eu, tu eu, elle eu la fièvre ; je vi, tu vi, elle vi le médecin qui prescrivit des remèdes : je les ferai tu les ferai, elle les ferai si la bonne étai là. — Je reçu, tu reçu, elle reçu des visites, que je rendi, que tu rendi, qu'elle rendi le lendemain. Je sor, tu sor, elle sor de bonne heure. — Je ménage, tu ménage, elle ménage l'argent. — Je marchandai, tu marchandai, il marchandai des poires. — Je répondi, tu répondi, elle répondi de travers. — Si la maîtresse voulai, je lirai, tu lirai, elle lirai cette fable ; hier je la lu, tu la lu, elle la lu couramment. — Demain tu recevra, ta cousine recevra une image. — L'institutrice désirerai que je vinsse, que tu vinsse, quelle vin à l'école. Hier j'y vin, tu y vin, elle y vint de bonne heure. Elle désire que je continu, que tu continu, qu'elle continu d'y venir. — J'aime l'étude et je la regarde comme un principe d'aisance et de fortune. — Tu recevra avec reconnaissance les conseil que ta maîtresse te donne. — Tu aurai raison d'espérer le premier prix, si tu travaillai bien, mais tu néglige ton devoir et tu n'en convien pas. — Cette élève aime les récompense et elle s'efforce de les mériter : elle récite bien, parce qu'elle étudi sérieusement ; elle retien ses leçons parce qu'elle réfléchi beaucoup. — Tu sera heureuse si tu fait le bien. — Je di, tu di, elle di toujours de même. — Je repri, tu repri, il repri ce valet. — Je conte, tu conte, il conte une nouvelle. — Je compte, tu compte, elle compte de l'argent. — J'écri une lettre à ma mère pour lui apprendre que je joui, que tu joui, que ma cousine joui d'une bonne santé. — Je doi fuir le péché comme je fuirai la rencontre d'un serpent. — Tu remportera la couronne céleste si tu surmonte tes passions.

57ᵉ EXERCICE. (Gram. nᵒˢ 75-76-77.)

Les Élèves mettront au pluriel les sujets ci-dessus, et feront l'accord.

58ᵉ EXERCICE. (Gram. nᵒ 77.)

Les Élèves souligneront les sujets, et feront l'accord du verbe.

Je parle ; tu écoute, Rose pleure. — Nous chanton, vous danse, les enfant jou. — L'eau désaltère, le feu réchauffe, la verdure réjoui. — La peur reserre, le courage enhardi. — Augustine déclame, ses compagnes écoute, la maîtresse applaudi. — L'or et l'argent brille, le soleil lui, la comète parai. — Sylvie naqui, elle vécu et mourut dans les Indes. — Émile et Léonie partire le matin et arriverent le soir. — Le pigeon roucoule, la tourtourelle gémi, la poule glousse, les poussins piaule, le renard glapi, le loup hurle, le tigre cri, le lion rugi, l'âne brai, le cheval henni. — Les ciseaux coupe, les épingles pique, la lumière éblloui, le vent dessèche, la pluie rafraîchi. — Le rossignol et la fauvette chante. — Henri et Louise travaille. — Pauline brode, Lucette li, Blanche et Mélanie écri. — Nous rion, vous pleure, Joseph et Amélie boude. Nous partiron, vous restere, vos frères viendron. — Je lisai, tu écrivai, Clarice jouai. — Nous semion, vous plantie, Julie et Sophie arrosai. — Je vin, tu parti, Laure resta. — Nous allâme, vous vinte, les autres sortire. — La pie et le perroquet jase. — Rosalie et Thomas étudi, ils avance et profite beaucoup. Ton frère et moi partiron demain, toi et ta sœur me tiendre compagnie. — Cet homme et cette femme vivai saintement. — Le bruit de ses exploits retentissai au loin. — Les grâces de son style attache le lecteur. Antoine et son fils arrive, ils descende de voiture et entre dans la maison.

Tu devrai donner ton cœur à Dieu le matin dés que tu t'éveille. — Je prendrai bien plus de précautions si je connaissai ma faiblesse. — Cet enfant peu s'instruire et il s'instrui en effet par l'attention qu'il apporte à ses devoirs. — Je veu, tu veu, elle veu servir Dieu,

38ᵉ EXERCICE. (Gram. nᵒ 77.)

Les Élèves complèteront les verbes ci-dessus, et les feront accorder avec leurs sujets,

Ursule et Casimir travaillai beaucoup hier; j'entendi leur mère qui les louai et les encourageai. — Je vous verr... demain, je vous interroger... sur la géographie et si vous répond... bien, je vous prendr... avec moi.

Nos maîtresses nous parleron et nous les écouteron ; elles nous instruiron, elles nous surveilleron, nous soigneron et nous chériron, comme leurs enfans ; de notre côté nous les aimeron, nous les respecteron et les regarderon comme nos mères. — Si vous apprenne bien vos leçons, je vous donner... une image et vous conduir... à la promenade. — Je dessiner... une rose et tu la broder.. pendant que ton frère apprendr... son catéchisme. — Tu travaille mal, tu gâte ton ouvrage, tes sœurs travaille bien, on les lou, on les admire, on les récompense volontiers. — Les mauvaises herbes nuise ; on les arrache et on les jette par-dessus la haie ou bien on les donne aux bestiaux qui les mange avidement. — Où étié-vous ce matin ? on vous demandez, on vous cherchez de tous côtés on vous croyez partie et on vous accusez d'incivilité. — Ces demoiselles vous prêteré le livre que vous demandé si elles l'avai. Que disai vos compagnes? Que désirerait-elles? Ainsi parle les personnes sensées. — Ainsi vivai les saints. — J'ai vu cette bonne mère qui conduisez ces enfants par la main. — Nous aperçume un vénérable vieillard que conduisai ses deux fils. — Voilà les livres que lisai Flavie, elle les rendrai si on les lui demandai. Voilà des élèves qui récite bien leur leçon et qui profite beaucoup. — Quand nos débiteurs nous compteron de l'argent, nous leur donneron quittance.

40ᶜ EXERCICE. (Gram. nᵒ 77.)

Les Élèves distingueront le sujet d'avec le complément et feront l'accord.

Je croyais que Louis et Jean nous succèderez. — Votre imprudence vous nuisai, nos frayeurs vous fatiguez. — Dieu et le monde partage votre cœur ; donnez-le à Celui qui le forma de ses mains, lui seul vous suffi. — Vos défauts me déplai, l'espérance de réussir leur donne du courage. — Nous ne souffriron jamais comme le mérite nos péchés. — Les honneurs fui souvent celui qui les ambitionne et les recherche. — La réponse que vous suggerai ces dames vous nuirez beaucoup et vous perdrez d'honneur. — Je savais qu'Éléonore aurait de grandes peines et que la religion les lui adoucirai. — Les regrets que me cause votre absence ne saurait s'exprimer. — Les personnes que tu fréquente et que tu aime si tendrement te ferai fuir si tu les connaissai. Tu vois Philippine et tu la goûte beaucoup ; si elle connaissai tes sentiments elle les apprécierai ce qu'ils vale. — Vous jouai gros jeu et vous perdai votre argent ; votre mère sera mécontente. — J'appris hier que Félix et sa sœur vous jouez et vous trompez. — La soif des richesses corrompai votre cœur, empoisonnai votre existence et compromettai votre salut. — Les vers que déclamai Julie vous plaisez beaucoup. — Vous plaisez fort à Lucie que vous verrez plus souvent si ses occupations le lui permettai. — Si vous écoutiez votre répugnance naturelle, elle vous porterez à des négligences qui vous perdrai. — Les méchants haïsse la lumière qui les éclairent et la vérité qui les corrigent et les redressent. Quel mal vous faisez vos voisines ? Quel préjudice vous causez leurs paroles ? — Les marques de confiance que tu recevai de tes maîtresses, te rendai odieuse à tes compagnes et t'exposai à leurs tracasseries.

41. EXERCICE. (Gram. n° 77.)

Les Elèves distingueront le sujet d'avec le complément et feront l'accord.

Nous lume la lettre que vous écrivez vos correspondans et la réponse que leur adressai votre tuteur. — Nous admirame les ouvrages que brodai Caroline et qu'elle vous montrez ce matin. — Si les pommes étai mûres on les cueillerai, on les porterai à la maison et on nous les servirai à table. — Les nouvelles que vous racontez Thomas et qu'il vous donnez comme vraies, sont autant de faussetés. — Nous goutame la liqueur que vous présentez ces dames qui la disai délicieuse, et nous la trouvame détestable. — Je vi la paille que portai ces pauvres gens: ils la destinai à faire le lit d'un enfant malade. — Le plaisir que vous ferez mes lettres n'égalerai pas celui que me procurai les vôtres. — La douceur de leurs procédés vous touchai et vous gagnai le cœur. — Les grâces de son langage vous captivez et vous ravissai. Vous achetterai des soies, et vous me les revendrai : je vous paierai comptant. — Si tu t'applique, tu remportera le prix et tu obtiendra mon amitié. — Octavie a rompu les liens qui la captivai et la retenai loin de sa mère. — St-Bernard annonçai la parole de Dieu aux Génois ; l'empressement de ceux qui l'écoutai et le fruit qu'opérai ses discours l'animai d'un nouveau zèle. Ces demoiselles ornai la niche parcequ'elle croyait que ce serait elles qui la porterai. — Vite-vous les étoffes que portai les deux colporteurs ? Françoise les décréditai et les regardai dédaigneusement parce qu'elle les trouvai trop chères: — Je connais les personnes que vous habillai et que vous nourrissai, ce sont celles qui vous habillai et qui vous nourrissai dans votre enfance. — Les honneurs nous fuiron quand nous les chercheron, et nous rechercheron quand nous les fuiron. — Je joue, tu jou, elle jou volontiers. — J'avou, tu avou, elle avou que c'est mal.

42ᵉ EXERCICE. (Gram. nᵒ 77.)

Suite de l'accord du verbe.

Jésus aimait les pêcheurs; il les recherchai, les prévenai, les instruisai, les guérissai de leurs maux, et lorsqu'ils revenai à lui, il les recevai, les consolai et les renvoyai absous. — Que vous disez ces gens-là? Ils vous blâmez, sans doute, il vous accuser, vous injuriez, vous maltraitez, peut-être? — C'était deux de mes voisins qui me fortifiai et me contrariai en tout. — Voilà une rivière dans laquelle fourmille des poissons de toute espèce. — Les fleurs que vous offrez Christine était superbe; elle les cultivai avec soin et les destinai à orner votre cheminée. — Nous vîmes ces malheureux pendant qu'on les liez et qu'on les entassez sur des charettes, la pitié que m'inspirai leurs maux et la frayeur que me causai leurs gardes ne saurai se dépeindre. — Les manières gracieuses qui accompagne votre don en relève le prix, et me charme plus que le don lui-même. — Les soins et les attentions que vous prodiguai votre fils adoucissai votre infortune et soulageai votre cœur. — Les personnes qui vous parlai et qui méprisai tant votre sœur, lui rendai cependant de grands services. — Les fautes que commettai Clotilde lui attirai des fortes réprimandes. — Les diamans que porte Ernestine et qui orne sa tête, lui coûte fort cher, elle voudrai les revendre. — Votre maison leur plairai, votre jardin leur conviendrai: mais le haut prix que vous y mettai les en dégoûte. — Je fus à Naples où m'appelai des affaires pressantes, et la fatigue que m'occasionai des courses multipliées m'aurai rendue malade si ce n'était les bons soins de mon excellente hôtesse.

43ᵉ EXERCICE. (Gram. nᵒ 77.)

Suite de l'accord du verbe.

L'exercice entretien et accroi les facultés de l'homme; l'oisiveté les émousse, les rouille, et les use complètement. — Nos amies nous écriron et nous leur répondron; elles nous donneron de leur nouvelles et nous leur donneron des nôtres; elle nous enverron des gravures et nous leur enverron des pinceaux. — Je voyai qu'on recevai vos lettres avec plaisir et qu'on les lisai avec empressement. — Ces jeunes personnes entrère courageusement dans la voie où les appelai le Seigneur. — Dieu aime les hommes, il les aime d'un amour de prévenance, il les comble de biens et les préserve de mille accident fâcheux, tandis que ces hommes ingrats l'oubli, le m.prise, et paie ses faveurs par des outrages. — Je vous récompenserai ou vous punirai comme le mérite vos œuvres. — Voilà le lieu où reposai jadis les cendres de vos ancêtres. — Le soin qu'on les humbles de se cacher, fai qu'on les estime et qu'on les recherche d'autant plus. — Ce matin Lucie reprenai et corrigeai ses enfans, hier au contraire, elle les louai et les encourageai. — Tu ignore le moyen qu'emploi Adèle pour faire son devoir : elle le transcri sur celui de ses compagnes. Je la prévien qu'on la punira si elle continu. — Ton père gémi sur les discours que tu tien; il tien beaucoup à te voir devenir sage et circonspecte. — Ce mur vous séparez et vous contrariez; voilà pourquoi vous l'abattai. — L'argent que refusai hier vos amies, leur serai bien nécessaire aujourd'hui. — Que deviendrai les malheureux s'ils vous perdai? Que ferait les pauvres si tu leur manquai?

44ᵉ EXERCICE. (Gram. Conjugaisons.)

Les Elèves complèteront les verbes ci-dessus en les faisant accorder avec leurs sujets, et elles distingueront les temps auxquels il se rapportent.

ELLES INDIQUERONT ICI LE TEMPS.

Nous te cherchion, vous la rappeliez, ils me contristai, nous lui déplaision, vous me frappie, elles te contrariai, nous la rencontrion, vous la fuyiez, elles me tracassai, nous lui parlion, vous me répondiez, elles te souriai, nous l'instruision, vous la repreniez, elles me payai, nous la carression, vous la flattie, elles m'offensai, nous lui pardonnion, vous l'entendiez, elle te décourageai, nous t'honorion, vous le souffriez, elle me désolai, nous te détournion, vous l'embarquiez, ils me conduisai.

ELLES INDIQUERONT ICI LE TEMPS.

Nous la reconduisime, vous la calmate, elle m'injurière, nous la levame, vous la saluate, ils m'accueillire, nous le renvoyame, vous le suprite, ils te reprire, nous l'ordonname, vous l'accomplite, elles me refusère, nous l'enchainame, vous le délivrate, ils te remercière, nous lui offrime, vous l'acceptate, ils me dédaignère, nous le blâmame, vous le corrigeate, ils te désobéire, nous lui parlâme, vous lui écrivite, elles me plure, nous la priame, nous l'invitame, elles m'épouvantère, nous le souffrime, vous le dissimulate, ils te convinre.

45ᵉ EXERCICE. (Gram. Conjugaisons.)

Les élèves transcriront l'exercice ci-dessus, mettront les complémens au pluriel, les sujets au singulier, et feront l'accord du verbe.

46ᵉ EXERCICE. (Gram. Conjugaisons.)

Les élèves complèteront les verbes ci-dessous, et les feront accorder avec leurs sujets.

ELLES INDIQUERONT ICI LE TEMPS.

Nous lui serion redevables, vous lui serié soumises, ils me découragerai, nous t'honorerion, vous le louerié, elle m'entendrai, nous la bénirion, vous l'exalterié, ils te détournerai, nous te verrion, vous l'examinerié, elles me sourirai, nous la supplierion, vous l'emploierié, elles lui parlerai, nous l'enverion, vous la recevrié, elle t'accueillerai, nous la réjouirion, vous l'amuserié, elles me contrarierai, nous la contredirion, vous le renverrié, elles me blamerai, nous l'envelopperion, vous la découvririé, elles te défendrai, nous te jugerion, vous le condamnerié, elles me souffrirai.

ELLES INDIQUERONT ICI LE TEMPS.

Nous l'instruiron , vous la reprendré , ils me corrigeron, nous la suivron, vous la souffriré, ils te perdron, nous lui permettron, vous m'offriré, elles t'acueilleron; nous tennuieron, vous la pleindrez, elles me repousseron , nous le sentiron , vous le détruiré , ils te rejoindron, nous t'humilieron ; vous la contrediré , elles me déplairon , nous l'embarqueron, vous l'accompapagneré, elle te conduiron , nous te critiqueron; vous lui déplairez, elles m'appelleron, nous lui répondron , vous lui obéirez , ils te craindron.

47ᵉ EXERCICE. (Gram. Conjugaisons.)

Les élèves transcriront l'exercice ci-dessus , mettront les complémens au pluriel, les sujets au singulier , et feront l'accord.

48ᵉ EXERCICE. (Gram. Conjugaisons.)

Les élèves complèteront les verbes ci-dessus , et les feront accorder avec leurs sujets.

ELLES INDIQUERONT ICI LE TEMPS.

Nous lui somme nuisible, vous m'êtes chères, ils me sont utiles, vous lui êtes soumises, vous le mettez dehors, elles l'endorme, nous l'endormon, vous l'endormé, elles t'endorme , nous te démenton, vous la démentez , ils me démente, nous lui sourion, vous me souriez , elles te souri , nous lui menton , vous me menté, elles te mente, nous l'employon, vous m'employé, ils t'emploï, nous le senton , vous la sentez , ils me sente , nous l'agréon, vous l'agrée, ils t'agrée , nous l'interrompon, vous l'interrompé, ils m'interrompe , nous le suppléon, vous me suppléez, ils la supplée , nous la récréon, vous le recréez, elles te recrée, nous le rompon , vous le rompé , elle la rompe , nous l'envoyon, vous l'envoyé, ils t'envoi, nous la saluon , vous me saluez ils

te salu , nous t'avouon , vous m'avouez , ils t'avou ,
nous le craignon, vous le craignez , ils le craigne , nous
l'attendon , vous m'atendez ; elles t'attende , nous la
fuyon, vous la suivez , elles te suffise , nous la louon.,
vous le pliez , elles le dépli , nous le vendon , vous le
vendez , elles me vende , nous l'instruison , vous le
mortifiez , elles le corrompe, nous le soignon, vous le
soigné , elles te soigne , nous le rejoignon, vous la
rejoignez, elle te rejoigne , nous te voyon , vous la
voyé, ils me voi, nous l'étéignon , vous l'éteigné , ils
l'éteigne, nous le couson, vous le cousé, elles le couse ,
nous te perdon, vous le perdé , elles me perde, nous
le voulon , vous le voulé , elles te veule ; nous le dé-
pensons, vous le dépensé, ils le dépense , nous t'en-
nuyon , vous m'ennuyé, elles t'ennui, nous le prenon ,
vous le prené , elles te prene , nous le valon , vous
le valé, elle le vale.

49ᵉ EXERCICE. (Gram. Conjugaisons,)

*Les élèves transcriront l'exercice ci-dessus , met-
tront les complémens au pluriel , les sujets au singulier,
et elles feront l'accord.*

50ᵉ EXERCICE. (Gram. Conjugaisons.)

*Les élèves complèteront les verbes ci-dessous suivant
le mode et le sujet.*

PRÉSENT DU SUBJONCTIF.

La maîtresse ne croix pas que nous ay.. , que vous
ay..., qu'elles ai..., la fièvre ; elle veut que nous fas...,
que vous fas..., qu'elle fas..., l'analyse, quoique nous
croy..., que vous croy..., quelles croy..., ne le pouvoir
pas. Il faut que nous voy..., que vous voy..., qu'elles
voi... cet ouvrage , afin que nous puis... , que vous
puis.., qu'elles puis... l'imiter. On désire que nous
partion, que vous part.., qu'elles part.. ce matin afin
que nous arr..., que vous arr..., qu'elles arr..., de
bonne heure. On ne veut pas que nous nous plaig...,
que vous vous plaig..., qu'elles se plaig.... de cette ba-

gatelle, afin que nous a... que vous a.... qu'elles a..,
le mérite de la patience. On crain que nous ne fuy...,
que vous ne fuy.., qu'elles ne fui.. trop la peine. On
souhaite que nous all..., que vous all..., qu'elles all...,
à la promenade et que nous y joig..., que vous y joig...
qu'elles y joig... les autres élèves. On désire que nous
emplo..., que vous emplo..., qu'elles emplo.... bien le
temps, afin que nous gagn...,que vous gagn..., qu'elles
gagn... un prix. Cela sera, pourvu que nous le veu...,
que vous le veu..., qu'elles le veu... Il faut que nous
étudi... que vous étudi... qu'elles étudi..., que
nous détail... , que vous détail..., qu'etles détail...,
ces événemens, que nous travail..., que vous travail..,
qu'elles travail... à ce tableau, et que nous le peig...,
que vous le peig..., qu'elles le peig..., parfaitement.
Veut-on que nous prio..., que vous pri..., qu'elles
pri... le Seigneur pour que nous en obten..., que vous
en obten..., qu'elles en obtien... son secours ?

51ᵉ EXERCICE. (Gram. Conjugaisons.)

*Les élèves transcriront les verbes ci-dessus, et au lieu
de* nous, vous, elles, *elles mettront* je, tu, elle.

52ᵉ EXERCICE. (Gram. Conjugaisons.)

*Les élèves complèteront les verbes ci-dessous suivant
le mode et le sujet.*

IMPARFAIT DU SUBJONCTIF.

Ta maman désirerait que nous l'instrui..., que vous
l'instrui..., qu'elle m'instrui..., que nous t'envoy... ,
que vous lui envoy..., qu'elles t'envoy... des livres, il
faudrait que nous y consenti.., que vous y consent...,
qu'ils y consent... On voudrai que nous vin... , que
vous vin..., qu'elles vin... à la classe, que nous y
récit... , que vous y récit..., qu'elles y récit... le
catéchisme; M. le curé souhaiterai que nous l'appri...
que vous l'appri.., qu'elles l'appri.., que nous le
sus..., que vous le sus.., qu'elles le sus... , parfaitement, et que nous devin..., que vous devin.., qu'elles

devln... de ferventes chrétiennes ; mais pour cela il faudrait que nous étudia.., que vous étudi..., qu'elles étudi... Jésus et Marie et que nous imit..., que vous imit... qu'elles imit.., leurs vertus. On souhaiterai que nous pria.., que vous pria.., qu'elles pria... Marie, afin que nous obtin..., que vous obtin..., qu'ils obtin... sa protection. Il fallai que nous tin... que vous tin..., qu'elles tin... la main de l'enfant, que nous all..., que vous all.., qu'ils all..., chercher des remèdes, que nous cueil..., que vous cueil.., qu'elles cueil... des fruits. On désirerait que nous attir..., que vous attir.., qu'ils attir.., des âmes à J.-C., et que nous aim..., que vous aim..., qu'elles aim.., ce bon Sauveur d'un amour généreux.

53ᵉ EXERCICE. (Gram. Conjugaisons.)

Les élèves transcriront les verbes ci-dessus, et mettront je, tu, il, elle, *au lieu de* nous, vous, ils, elle.

54ᵉ EXERCICE. (Gram. nᵒˢ 85. 101.)

Les élèves compléteront les infinitifs ci-dessous et les distingueront du participe passé qui accompagne l'auxiliaire avoir *ou* être.

Alphonsine veut apprend... à li.., à écri.., à coud.., à brode.., à dessine.., à compte.., et surtout à servi... le Seigneur. Il est difficile d'apprécie... le mérite sans l'approche.. de près. Ce n'est qu'après avoi.. examin.. la conduite d'une personne qu'on peut se fixe... sur l'idée qu'on doit en avoi... et se détermine.. à la fréquenté... ou à l'abandonne... Un enfant sage n'a jamais trouve.. de plaisir à chante.. des chansons profanes, non plus qu'à les entend.. chante.. Une fois qu'on a commence.. à leve.. le masque, qu'on a méprise.. la grâce, qu'on a dédaigne.. les bons conseils, on ne peut que s'égare.., s'enfonce... de plus en plus dans l'abîme, et se perd.. à jamais. J'ai dessine... vous devriez aussi dessine... le paysage que l'on nous a donne.. à copie.. Déjà on avait leve... les ancres, on entendai les vents souffle..., on voyait les voiles s'enfle... et les vaisseaux traverse... les ondes avec une vitesse incroyable, lorsqu'un ouragan épouvantable vint non-seulement trouble... la joie de l'équipage, mais encore épouvante.. les plus intrépides matelots. Vous devez travaille... avec soin à cultive... le champ que le Seigneur vous a confié ; ce n'est pas assez de déracine.. les mauvaises herbes qui croissent dans votre âme, vous devez en seme... de bonnes, les arrose... les soigne... et veille... à leur conservation ; cela veut dire que vous devez travaille... à vous corrige... de vos défauts et ne rien négliger... pour vous avance... dans la vertu, vous perfectionne... et vous sanctifie... — On doit s'accoutume... dès le bas âge à surmonte.. ses inclinations, à triomphe... de ses penchans, à supporte... les épreuves, à souffrir... les adversités et tous les maux qu'il plaît à Dieu de nous en voy... pour notre plus grand bien. — Nous avons tous des passions à dompte.., des péchés à expie..., des vertus à pratique.., des graces à demande.., un temps à ménage.., le prochain a édifie... le monde à méprise.., une éternité à médite..., un corps à mortifie..., une âme à sauve..., et un paradis à mérite...

Pour deveni... Saint, il faut savoi... s'absteni... de ce qui pourrait nous plai... et souffri... patiemment tout ce qui peut nous déplai... et nous contrarie...

55e EXERCICE. (Gram. Conjugaisons.)

Les élèves écriront les temps composés des verbes abandonner, jouer, égayer, saluer, gagner, engager, dire, faire, voir, vouloir, pouvoir, entendre, sentir, obéir, fuir, répondre, envier, essayer, blanchir. *Elles ne feront qu'un temps pour chaque verbe :* Passé indéfini, passé antérieur, plus que parfait, et *les autres jusqu'au bout.*

56e EXERCICE. (Gram. nos 103-104-105.

Les élèves copieront les phrases ci-dessous, et corrigeront les fautes qu'elles reconnaîtront dans les verbes.

Dieu appella Samuel pendant qu'il dormait, et l'en-

fant croyant que c'était le Grand-Prêtre qui l'appelai, se leva, et lui dit : » Me voici, car vous m'avez appellé.»
— Je ne vous ai point appelé, mon fils, lui répondi Héli, retournez, et dormez en paix. Samuel s'étant rendormi, s'entendi appeler une seconde fois et retourna vers le Grand-Prêtre, croyant en être appelé. Celui ci pensa que c'était le Seigneur qui appelait ainsi Samuël; il lui dit donc : Retournez, mon fils, je ne vous appelle point ; mais si vous entendé encore la voix qui vous appelle, répondez : *Parlez Seigneur car votre Serviteur écoute.* — Hier je placai, tu placa, elle placa les livres sur la table ; j'avou que nous les placâmes mal mais à l'avenir je les placerai, tu les placera, elle les placera, nous les placeron tous à la bibliothéque. — Tu rappelleras le maçon et tu lui renouvelera l'ordre de carreller la salle. — Ménagons le temps, et arrangon-nous de manière à avoir fini l'ouvrage dont nous nous chargâmes si mal à propos la semaine dernière. — Je me dérangais, tu te dérangais pour lui faire plaisir ; mais elle se dérangais aussi pour nous. — Tu commença le dessin hier ; Julie le commençerai aujourd'hui si je le commençai moi-même ; mais je ne puis commence que plus tard et nous le commenceron ensemble. Si l'on devenait savant en feuilletant les livres, cet enfant le serait bientôt, car il feuillette sans cesse les siens, et il les feuillettera comme il les a toujours feuilletés. Pourquoi rejete-tu mes conseils ? Jete-toi, que ta fille se jete au pieds du magistrat ; il ne rejetera par vos supplications. — Nous rejeton souvent sur les autres les fautes que nous ne devrion rejeter que sur nous-mêmes. — J'ai projetté et je projette encore d'aller vous voir. — Si nous ne te soufflettons ; nous soufflettera-tu? Nous, si nous te souffletions, tu ne devrais pas nous souffleter, en te rappelant que notre N.-S. a voulu être souffleté par un misérable valet. J'ai renouvellé la promesse qui m'engageait à servir le Seigneur et je la renouvellerai dimanche, comme tu renouvellas la tienne hier. Ce paquet n'est pas bien ficellé ; il faut qu'on le ficelle de nouveau ; prie Sophie de le ficeller :

si javais le temps je le ficellerais moi-même. — Vous chancellez moins aujourd'hui que vous ne chancelliez hier ; demain vous ne chancellerez plus. —La maîtresse nous charga d'un devoir si difficile que nous nous en déchargâmes aussitôt sur quelques unes de nos compagnes qui se charge volontiers de notre ouvrage pour s'instruire à nos dépens. — Cet enfant a constamment rejetté les avis qu'on lui donne, et il les rejettera toujours malheureusement pour lui.

57e EXERÇIÇE. (Gram. nos 106-107-108·)

Les élèves copieront les phrases ci-dessous, et corrigeront les fautes qu'elles connaîtront dans les verbes.

J'eleve une petite orpheline, tu éleve ta filleule, Blanche veut éleve la sienne et je crois qu'elle l'elevera chrétiennement. — Les graines que tu as semées n'ont pas levé ; elles leverai si tu les arrosai ; les miennes levent bien. — Releve ta robe ; si tu la relevai comme les autres relevent la leur, elle serait plus fraîche. — Paye tes dettes si tu veu que je paye les miennes, j'attends que tu me paye pour payer à mon tour. — Ce marchand ne payera plus maintenant la soie comme il la payait autrefois. — Cette femme s'inquiète beaucoup de son fils, qui ne s'inquietta pourtant jamais d'elle. — Nous nous inquiétons trop de l'avenir ; pourquo tant s'inquietter de ce qui ne dépend pas de nous?— Je succède à l'employé qui succéda à ton père ; tu lui succèderais toi-même si ta santé te permettait de lui succéder. — Je te revelerai des secrets importants que tu ne reveleras à personne ; c'est ta sœur qui me les revela dans un moment d'abandon ; mais si tu les revelais je seraisperdu. — Nous bechons notre jardin, viens nous aide à le beche, et nous taiderons quand tu becheras le tien. — Si je te cede mes cerceaux, me cederas-tu tes volans ? — Si quelqu'un vous conteste votre manteau, dit J.-C., cedez-lui encore votre robe. — Cette femme recele des marchandises volées, elle en recele encore comme elle en a toujours recele. — Le vent soulevait les flots etles souleve en ce moment avec

plus de fureur que ce matin. — Je precede, tu precede, il precede le prince. — Nous espérons, vous espérez, elles esperent en Marie ; nous espereront, vous espererez, elles espereront toujours en sa bonté. — Je me promenais, tu te promenais, elle se promenait rarement ; mais nous nous promenerons, vous vous promenerez ; elles se promeneront désormais plus souvent.
— Je revere, tu revere, nous reverrons toutes les vertus de notre pasteur. — Ce malheureux a constamment cele la vérité, mais il ne la celera pas toujours. — Cette dame me protégait autrefois ; mais elle ne me protega pas long-temps ; elle me protegerait encore si j'avais mérité qu'elle me protegât toujours. Si tu connaissais le prix du temps, tu l'employerais plus utilement que tu ne l'employes. — J'employerait bien mes loisirs et je les employais comme tes sœurs employent les leurs ; toute personne sensée doit les employer ainsi. — Tes yeux decelent ta faute.

58e EXERÇICE. (Gram. nos 109-110-112.)

Les élèves corrigeront les fautes qu'elles reconnaîtront dans les verbes ci-dessous.

Vous avez du recevoir une lettre dans laquelle je vous annonçais un scapulaire béni. — Nous avons eu la visite de notre digne Prélat ; il a béni nos enfans, et leur a donné à chacune une médaille béni par notre S. P. le Pape. On a du vous raconter tout cela. — Je vous envoi les honoraires qui vous sont du ; je ne me rappelle pas s'il en est du autant à votre collègue. — L'homme charitable sera béni du Ciel dans toutes ses entreprises. — L'enfant béni auquel nous avons donné nos soins, vient de nous quitte pour aller dans sa famille. Vos drapeaux ont été béni par l'Église, Messieurs ; mais seront-ils également béni sur le champ de bataille ? — Ces jeunes personnes ont été mille fois béni par les indigens qu'elles ont secourus. — Jacob s'approcha de son père pour en être béni à la place d'Esaü. — Après avoir béni les cierges, le célébrant les distribue aux fidèles. — Nous devrions, s'il était possible, hair le péché comme Dieu le haït. — Si nous haïssons ceux qui nous haïssent, nous ne sommes point chrétiens. — Je hai, tu hai, elle hai le mensonge. — Nous haïssons la vérité qnand elle blesse notre amour-propre. — Du temps de Moïse, on montrait encore les tombeaux où reposait les cendres béni d'Abraham, d'Isaac et de Jacob. Le premier jour de carême, on met des cendres béni sur la tête des fidèles.

59e EXERCICE. (Gram. nº 115.)

Les élèves complèteront les verbes ci-dessous.

Je pren, tu pren, elle pren des leçonsde piano. — Je descen, tu descen, elle descen l'escalier. — Je ven, tu ven, elle ven de la soie. — Je répan, tu répan, elle répan des larmes. Je ne crain pas, tu ne crain pas, elle ne crain pas la peine. — J'enten, tu enten, elle enten la musique. — Je ne mor pas, tu ne mor pas, elle ne mor pas la poussière. — Je tor, tu tor, elle tor, du coton. — Je cein, tu cein, elle cein le diadème. — J'appren, tu appren, elle appren l'allemand. — Je ne compren pas, tu ne compren pas, elle ne compren pas cette règle. — Je ne me résou pas, tu te résou pas, elle ne se résou pas à l'étudier. — Je mou, tu mou, elle mou du café. — J'entrepren, tu entrepren, il entrepren ce voyage. — Je ne me plain pas, tu ne te plain pas, elle ne se plain pas de ses maux. — J'absou, tu absou, il absou ce pécheur. — J'atten, tu atten, il atten des progrès. — Je per, tu per, elle per une amie. — Je ne join pas, tu ne join pas, elle ne join pas les mains. — Je cou, tu cou, elle cou des chemises. — Je répon, tu repon, elle répon de travers. — Je pein, tu pein, elle pein médiocrement. — Je fon, tu fon, il fon de l'étain. — Je fein, tu fein, elle fein d'avoir peur. — Je ton, tu ton, il ton les brebis — J'étein, tu étein, elle étein les lumières. — J'étein, tu étein, elle étein la lessive. — Je dissou, tu dissou, elle dissou l'assemblée. — Je ne tein pas, tu ne tein pas, il ne tein pas du mérinos. — Je rejoin, tu rejoin, elle rejoin la compagnie. — J'attein, tu attein, elle attein le chariot. — Je ren , tu ren, elle ren ses comptes. — Je préten , tu préten, il préten avoir raison. — Je défen, tu défen, il défend l'orphelin.

60e EXERCICE. (Gram. depuis 105 jusqu'à 113.)

RÉCAPITULATION.

Les élèves corrigeront les fautes des verbes ci-dessous, conformément aux règles citées, et elles feront l'accord.

Nous envisagons la nature sous d'autres points de vue que les anciens. — Que d'hommes, comme les plantes , ont vegeté sur cette terre , y vegetent encore et y vegeteront toujours ! — Benis soit les rois qui ont été les pères de leurs peuples ! Ne jugons promptement de personne ni en bien ni en mal. — La mort sépare les hommes et les rejoin. — Le crime se decele presque toujours. — C'est en haissant le vice que nous nous fortifiyon dans l'amour de la vertu. — C'est en interrogan fréquemment la nature, qu'on lui arrachent ses secrets. — Rappelerai-je ici ces jours de deuil tant de fois rappelés, où la mort d'un roi vertueux semblait amonceler sur la France une foule de calamités ? — Dieu appela les eaux pour punir la terre couverte de crimes. — St-Louis rejettait les conseils de la politique quand ils n'étai pas d'accord avec la vertu. — Les choses dont nous nous soucion le moins , son souvent celles qui contribu le plus à notre bonheur. — L'argent que votre mère vous envoi et le fruit de ses éeonomies. — Nous amoncellon les richesses comme si nous devion toujours vivrent. — Tout rappéle l'homme à ses devoirs. — Les anciens érigeaient en divinités les hommes célèbres. — On appéle flux et reflux, le mouvement régulier et alternatif des eaux de la mer. — La campagne récré la vue. — On augmente son bonheur en le partagant avec un ami. — Nous avons bénit le Ciel qui vous ramene dans nos bras et qui vous protega si visiblement dans vos courses lointaines. — Il n'est rien que je haisse autant que la flatterie. — Le mépris et dû à l'homme, est la louange n'est due qu'à Dieu. — Rendons-lui constamment l'honneur et la gloire qui lui sont dus. — Un homme qui nagait très-bien se jetta à l'eau pour sauver l'enfant qui se noyait. — Tel seme qui souvent ne recueille pas. — Ce que vous semez maintenant dans les larmes , vous le recueillerez un jour dans la joie. L'aurore precede le lever du soleil. Les jours se succède rapidement. On revere la vertu partout où elle se trouve.

61e EXERCICE. (Gram. nos 114-118.)

Les élèves placerout les traits d'union, et corrigeront les verbes.

PRÉSENT DE L'INDICATIF.

Somme nous sages ? Avons nous des bons points ? Envoyon nous nos bulletins ? Prenons nous la leçon ? Expliquon nous la règle ? Appelon nous nos compagnes? Faisons nous la lecture ? Attendon nous la maîtresse ? Couron nous à sa rencontre ? Sorton nous maintenant? Laisson nous les enfans ? Tordon nous notre fils ? Peignons nous ce tableau ? Couson nous cette toile ? Ete vous bien ? Ave vous froid ? Voulé vous du feu ? Prené vous du café ? Allé vous à la promenade ? Metté vous ce châle ? Lisé vous le journal ? Entendé vous le tonnerre ? Voyé vous les éclairs ? Envoyé vous à la poste ? Répondé vous à ma lettre? Rié vous de bon cœur? Plaigné vous cette enfant? Rendé vous cet argent ? Apprené vous la musique ? Tenez vous à cette amie? Senté vous la chaleur ? Aimé vous la lecture? Menton nous ? Menté vous ? Vous plaignon nous ? Vous plaigné vous ? Se plaignent ils? Sont ils bien? Ont elles du pain? Souffrent elles ? Prennent elles des bains ? Vont elles à Paris ? Cousent elles ! Arrivent ils ? Craignent il l'eau ? Peiguent ils bien? Descendent ils ? Allons nous, allez vous, vont-ils à la messe ? Iront il au sermon ? Convenons nous de nos torts ? Rions nous trop haut? Brodons nous beaucoup ? Venons nous ici? Concevez vous? Concoivent elles mes raisons? Balayons nous ? Balayez vous ! Balayent elles la salle ! Disons nous cela ? Consentons nous à votre départ? Employons nous? Employé vous, employent ils ce papier ? Rompon nous, rompé vous,

— 45 —

rompent ils le pain ? Déplacons nous, déplacé vous, dé-
placent-ils les meubles ? Arrangon nous, arrangé vous,
arrangent ils les tables ? Interrompons nous, interrompé vous, interrompe ils le discours? Mourons nous,
mourez vous au monde ? Partons nous ce soir ? Ser-
vons-nous les pauvres ? Perdons nous le temps ? Sen-
tons nous bon ?

62ᵉ EXERCICE. (Gram. nᵒˢ 116-117.)

*Les Elèves mettront au singulier les pronoms et les ver-
bes ci-dessus.*

63ᵉ EXERCICE. (Gram. nᵒˢ 114-115.)

*Les Elèves placeront les traits d'union, et corrigeront
les verbes.*

IMPARFAIT.

Etion nous, étié vous, était elles fortes? Surveillons
nous, surveillé vous, surveillait elles les élèves? Lui
donnion nous, lui donnié vous, lui donnait elles des
soins? Etudion nous, étudié vous, étudiait elles la
leçon? Semion nous, semié vous, semait il du grain?
Appelion nous, appeliez-vous, appelaiént ils la lai-
tière? Vendion nous, vendié vous, vendait elles des
gravures? Taillon nous, taillé vous, taillait elles nos
plumes? Gagnon nous, gagné vous, gagnait ils votre
pain? Allion nous, allié vous, allait il aux offices?
Voyon nous, voyé vous, voyait elles du monde? Essa-
yons nous, essayez vous, essayaient ils de parler?

PASSÉ DÉFINI,

Fume nous, futes vous, furent elles contentes? Allame
nous, allate vous, allerent ils à Marseille? Revinme
nous, revinte vous, revinre ils de bonne heure? Sou-
pame nous, soupate vous, soupere ils de bon appétit?
Vime nous, vite vous, virent elles ces tableaux?
Jettame nous, jettate vous, jetterent il le filet? Aperçume nous, aperçute vous, aperçurent ils les voleurs?
Prime nous, prite vous, prire ils la fuite? Eume nous?
eute vous, eure ils de la pluie? Menaçame nous, me-
nacate vous, menacerent elles nos enfants? Fime nous?

fîtes vous, fire ils des grimaces ? Le souffrime nous, le souffrite vous, le souffrire elles? Parlame nous, parlate vous, parlere elles beaucoup ? Jouame nous, jouate vous, jouere elle long temps ? Nous placame nous, vous placate vous, se placèrent elles bien ? Ficellame nous, ficellate vous, ficellerent elles ce paquet ? Décachettame nous décachettate vous, décachettere ils cette lettre ?

64e EXERCICE. (Gram. nos 116-117.)

Les Elèves mettront au singulier les sujets et les verbes ci-dessus.

65e EXERCICE. (Grammaire, nos 114-115.)

Les Elèves placeront les traits d'union, et corrigeront les verbes ci-dessous.

PASSÉ INDÉFINI.

Avon nous eu la fièvre ? Avez vous été malades ? Ete vous allées à la classe? Y avez vous été silencieuses? En ête vous sorties tard? Les maitresses ont elle expliqué la leçon? Ont elle corrigé le devoir ? Ont elles paru satisfaites ? T'avons-nous fait mal ? M'avé vous écrit ? Lui ont elle répondu ? M'avé vous appelé? L'avon nous inquiétté ? M'ont elle rejetté? Avon nous projetté ? Avé vous acheté ? Ont elle amoncellé ? Sommes nous sorties ? Ete vous rentrées ? Sont il revenus ? M'avez vous vue ? T'ont-il parlé ? L'ont elle reçu ? Ete vous née à Lyon ? Ont il vécu en France ? M'avé vous aperçu ? L'ont elle rencontré ?

FUTUR ABSOLU.

Veron nous Louise? lui parleron nous ? L'embrasseron nous ? L'enverron nous chez vous ? La verré vous avec plaisir ? la retiendré vous longtemps ? Lui conteré vous vos peine ? Ces enfans me comprendron ils ? M'écouteron ils ? T'obéiront ils ? Te craindront ils assez? Se plaindront ils ? Pleureron ils ? Les souffleteront nous, les souffleteré vous, les souffleteront ils? Caqueteron nous, caqueterez vous, caqueteron elles ? Repeteron nous, repeteré vous, repeteron elles le catéchisme? Projeteron nous, projeteré vous, projeteront ils toujours sans aucun résultat? Essayerons nous essayeré vous, essayeront elles d'écrire? L'effrayeront nous? m'effrayeré vous? t'effrayeront elles? Reveleron nous, reveleré vous, reveleron ils ce secret? Perséveron nous, persevereré vous, persevereron elles dans la vertu? Délayeron nous, délayeré vous, delayeront ils ces couleurs? Epeleron nous, épeleré vous, épeleront ils leur leçon? Agaceron nous, agaceré vous, agaceront elles toujours ce chien? Emmeneron nous, emmenere vous, emmeneront ils les enfants? Les rammeneron nous? les remmeneré vous? les rammeneron ils bientôt?

66e EXERCICE. (Gram. nos 116-117.)

Les Elèves mettront au singulier les sujets et les verbes ci-dessus.

67e EXERCICE. (Gram. nos 114-115.)

Les Elèves mettront les traits d'union, et corrigeront les verbes ci-dessous.

PRÉSENT CONDITIONNEL.

Si les circonstances nous y obligeai, partirion nous volontiers? Ferion nous un si long voyage? L'entreprendrion nous ce soir? Craindrion nous la fatigue? Aurion nous assez de courage? Nous sentirion nous assez de résolution? Abandonnerion nous nos enfants? Où les placerion nous? A qui les confirion nous? Essayerion nous de les emmener? Viendriez vous avec nous? Nous accompagnerié vous? Nous conduiriez vous sûrement? Nous soutiendrié vous au besoin? Agrérié vous cette entreprise? Nous la conseillerié vous? Que ferion nous en cas d'attaque? Que deviendrion nous avec deux domestique? Nous aiderait ils? Nous défendrait ils? Pourrait ils nous tirer de ce mauvais pas? Le voudrait ils? Le ferait ils? En aurait ils le courage? L'oserait ils? S'intéresserait ils à nos affaires? A qui aurion nous recours dans ces pays lointains? A qui nous adresserion nous? Où logerion nous? Y serion nous en sûreté? Pourrion nous y être tranquilles? Supporterion nous un climat si rude? Ne regretterion nous pas la maison paternelle ? Ne soupirerion nous pas sans cesse après le moment du retour?

FUTUR ANTÉRIEUR ET PASSÉ CONDITIONNEL.

Quand nous aurons achevé notre devoir, auré vous commencé le vôtre? Nos compagnes auront elles récité leur livret le soir? Quand vous seré sorties, seront nous rentrées ? Aurion nous fini notre ouvrage si les maîtresses le demandait? L'aurion nous fait proprement? En serait elles contentes ? Serion nous prêtes si l'on voulait aller à la promenade ? Aurion nous fait notre toilette ? Quand auron nous acquis les petites connaissances propres à notre âge? Lorsque nous seron parties seré vous revenues? Auré vous semé, auré vous planté, auré vous embelli votre parterre? Auron nous peint ce tableau ce soir ? L'auron nous placé sur la cheminée ? Les bouquets seront ils fait? Les élèves se seront elles exercées ? Auront elles su, auront elles répété la chanson ? Aurié vous tout arrangé, si je vous appelai dans une heure ? Aurié vous transcrit votre analyse ? Vos compagnes aurait elles fini leur tâche? Vous aurait elles dit quelque chose! M'aurait elles menti? Vous aurait elles déclaré la vérité ? Lorsqu'elle m'auron découvert ce mystère, je leur pardonnerai tout.

68e EXERCICE. (Gram. nos 116-117.)

Les élèves mettront au singulier les sujet et les verbes ci-dessus.

69e EXERCICE. (Gram. nos 117-122.)

Les élèves corrigeront les fautes des verbes ci dessous.

Si nous oublion les créatures Dieu remplirai notre cœur d'une joie ineffable ; puissè-je la goûté bientôt ! Je veu travaillé à mon salut, dussa i-je mourir à la peine. — Vous vous ennuyé beaucoup ce matin et vous baillé tant que vous pouvié pendant que nous prion le Seigneur et que nous le louyon par le chant des psaumes. — Pourquoi passai-je mon temps à ne rien faire ! Pourquoi l'employai-je à des bagatelles tandis

que chacun travaillent au tour de moi et se rent utile
selon ses moyens? — A qui donnai-je mon cœur, à
qui consacrai-je les prémices de la journée, si ce n'est
à Dieu mon Sauveur? A quoi pensai-je quand je ne
pense à rien, Pour qui travaillai-je quand je ne travaille pas pour Dieu? — Pourquoi sacrifiai-je mon repos à un monde ingrat qui me rent malheureux?
— Faut-il que nous étudion la leçon ou que nous plion
le linge? La maitresse désire que vous étudié d'abord,
et qu'en suite vous plié le linge.— Nous voyons souvent
Denise avant qu'elle habitât la campagne; maintenant
nous ne la voyon plus guères. — Que désirai-je dans
le Ciel et que souhaitai-je sur la terre, si ce n'ai vous,
ô le Dieu de mon cœur!— Emile rougissait quand nous
louyon ses bonnes qualités. — Je vous apercue lorsque
vous joué aux cartes et que vous gagné l'argent de
Clara, vous ne la plaigné guère, vous rié de sa peine
et vous vidié sa bourse sans pitié. — Pourquoi ne vous
fié vous plus à cet homme comme vous vous y fié autrefois? Est-ce qu'il vous aurait manqué de parole?
— Votre plume ne marque pas parce que vous appuyé
trop dessus si vous appuyé moins, elle ferait très bien.
— On dit que vous éternuyé beaucoup lorsque vous
étié enchifrenée; nous étion dans le même cas, et
toutefois nous éternuyon moins que vous. — Laure se
plaigni de ce que nous ne la saluyon pas en l'abordant
et que nous la contrarion sur son langage. — Je veu
partir, eussai je une fièvre de cheval et dussai je rester
en chemin; puissai-je arriver assez tôt pour recueillir
le dernier soupir de mon père! — Lorsque Julie arrivât,
lui présenté je la main pour descendre de voiture?
L'invité je à se reposer? Lui préparé je à souper? Je
n'y pensé pas même et je la laissé se morfondre à m'attendre. — Notre père désire que nous nous confion
davantage dans le Seigneur, que nous le prion plus
souvent, et que nous apprécion mieux le bienfait d'une
éducation chrétienne. — Il est difficile que vous concilié
vos devoirs avec le goût des plaisirs. Dieu veut que
vous travaillé à votre salut et que vous gagné la belle

couronne qu'il à promise a ceux qui persevereron jusqu'à la fin. — Il n'est rien que nous oublions si facilement que les maux passés.

70ᵉ EXERCICE. (Gram. nᵒˢ 123-124 et*)

Les Élèves corrigeront les fautes des verbes ci-dessous.

Lorsque j'ai arrivé chez Camille, je la trouvé plongée dans la plus profonde affliction ; je mêlé d'abord mes larmes aux siennes, et la consolè de mon mieux pendant les trois jours que je passé auprès d'elle ; je l'engagé ensuite à venir à la campagne pour se distraire, et je l'emmené avec moi au champ d'Or. — Quand je revin d'Italie, je passé par Florence où je m'arrête une huitaine de jour : j'en rapporté plusieurs tableaux que j'offri à mes amies, et j'en reçu en échange des statues que je placé sur ma cheminée. — Je m'ennuyé beaucoup dans ce vieux château ; je travaille néanmoins toute la journée ; je me couché tard et me levé de bonne heure ; mais je voyé peu de monde, je n'allé jamais en ville, et le peu de distraction que je me permetté, joint au peu de profit que je faisé, m'occasionna un tel dégoût que je pense bientôt à retourner chez moi ou j'arrivé aux dernières fêtes de Noël. — Je ne perdé pas mon temps lorsque j'été à la pension ; j'étudié, je lisé, je meublé ma mémoire des meilleurs morceaux de poésie ; je dessiné, je chanté, j'écrivé, je faisé de la musique, je prené des leçons de langue espagnole ; mais pendant que je cultivé mon esprit, que je tâché d'acquérir des talens, je ne négligé point mon âme ; je formé mon cœur à la vertu, j'écouté, je suivé les avis de mes excellentes maîtresses, je prié beaucoup, je médité la loi du Seigneur et j'y conformé de mon mieux ma conduite. — J'eu la fièvre hier, et je ne diné pas ; je n'allé pas me promené comme de coutume ; je resté seule dans ma chambre où je passé tristement la soiré ; je me couché tard et dormi peu.

71ᵉ EXERCICE. (Gram. nᵒˢ 123-124 et*.)

Les élèves transcriront l'exercice ci-dessus, en mettant NOUS *au lieu de* JE *et feront l'accord du verbe.*

72ᵉ EXERCICE. (Gram. nᵒˢ 124 et*.)

Les Elèves corrigeront les fautes qui se trouve dans les phrases ci-dessous.

Etié vous au couvent lorsque j'y mené ma fille ? Je ne vous y rencontré point et je cru que vous ne voulié pas me voir. — C'est dans le courant du mois dernier que j'arrivé chez ces pauvres sauvages: j'y trouvé plusieurs enfants moribonds auquel j'administré le baptême sans que personne osât s'y opposé. Je m'adressé ensuite aux chefs, je leur parlai de notre sainte Religion et leur proposé de venir m'établir parmi eux pour leur apprendre à servir le Maitre de la vie, ce qu'ils acceptère volontiers. On s'empressa de me construire une hutte ce jour-là même, et je m'y installé dès le lendemain. — Je ne trouve plus le livre que je lisé hier soir: je le placé, je croi, où je le place d'ordinaire avant de me couché. Ne l'oublié je point dans votre chambre? Je l'y porté, ce me semble, lorsque j'allé y chercher de la lumière, je le laissé probablement sur votre cheminée. Pendant que je prené soin du ménage, que je lavé, que je rapiécé et repassé le linge, ma sœur s'amusé et se donné du bon temps. — Avez vous vu le chapeau que j'apporté de Lyon l'été dernier et que j'envoyé à Sophie. Je lui cédé parce que je le trouvé trop élégant pour moi et que je me douté qu'elle en avait envie. — Si tu pleura à mon départ, pleuré je moins que toi? N'éprouvé je pas un mortel chagrin dans cette pénible circonstance ? — Si ma sœur travaille, ne travaillé je pas autant qu'elle ? Si elle contente ma mère ne la contenté je pas aussi? Et si elle surveille bien les élèves ne les surveille je pas de mon côté? — Que trouvé je de si attrayant dans les créatures, lorsque je les recherché avec tant d'empressement? — Où allé je, grand Dieu, où porté je mes pas, a qui prodigue je mon cœur lorsque je vous fuyé et que je refusé d'être a vous?

73ᵉ EXERCICE. (Gram. nᵒˢ 123-124 et*.)

Les élèves transcriront les phrases ci-dessus, et mettront nous *au lieu de* je.

74ᵉ EXERCICE. (Gram. nᵒˢ 126-127 et *

Les élèves transcriront les verbes ci-dessous.

Je vous avez prévenu que je ne pourré pas vous écrire de long-temps, mais une occasion se présente plus tôt que je ne l'aurai cru et j'en profite avec un plaisir que je ne sauré vous dire. — Si j'étai à votre place, voici comment j'en useré à l'égard de la pension que vous paye vos parens, je la regarderé comme la pension d'une autre que je n'auré jamais vue et dont je n'auré jamais entendue parler, J'aimeré mieux que mon père en mourant m'eût laissé sa malédiction que s'il m'eût laissé un sou sur lequel j'eusse plus de confiance et de direction que sur les trésors de l'empereur de la Chine. Je préferé mourir de pure misère plutôt que de me retiré du tombeau par cet argent là. Je ne puis vous dire l'époque où je retourneré à Paris parce que je l'ignore ; quand je le saurai au juste, je vous en préviendré. Je pourré vous dire encore plusieurs choses intéressantes ; mais je craindré de manqué le courier : j'y reviendré un autre fois, et le plus tôt que je pourré. — Quand je parleré le langage des anges et des hommes, si je n'ai pas la charité, je ne suis que comme l'airain qui sonne et une cymbale retentissante. Quand j'aurai toute la foi possible, que je transporteré les montagnes d'un lieu à un autre, si je n'ai pas la charité je ne suis rien. Quand je donneré tout mon bien aux pauvres et que je livreré mon corps aux flammes pour être brûlé, si je n'ai la charité, tout cela ne me ser de rien. — Je souhaiteré que vous fissié beaucoup de progrès, je seré alors bien satisfaite et à mon retour je vous récompenseré de bon cœur. Que vous dirè-je qui puisse vous faire plaisir, chère Adèle ? Vous raconteré je les nouvelles du pays que j'habite ? Je les ignore complètement Vous parleré je des personnes qui m'entoure ? Vous feré je le portrait de celles-ci et de celles-là ? Je ne les conné pas encore assez pour porter sur leur compte un jugement équitable. Vous décriré je les beautés de la capitale ? Vous détailleré je les fêtes qui s'y donne? Je ne sor de chez moi que pour visiter les église , et du moins je pourré vous dire qu'elles sont très belle et parfaitement décorées. J'auré bien désiré vénéré les reliques de votre Saint Patron ; mais ou m'a dit que je seré forcée d'attendre l'époque où on les montre au public. — Dans le temps que tu acqueré les biens de la terre, tes amies, plus sages que toi, acqueré ceux de l'éternité. — Vous acquerié des vertus et des connaissances utiles si vous vouliez vous en donné la peine. — Les richesses que nous acqueron avec tant de peine ici-bas ne nous acqueron pas celles du Ciel. — Recouron au Seigneur dans tous nos besoins et il nous secoura certainement lorsque nous recouron à lui avec confiance. — Si je couré aussi étourdiment que toi, je couré risque de me cassé le cou. — Pourquoi, mon enfant, courié vous si fort l'autre jour ! on me rapporta que vous avié fait une chûte terrible et que vous vous mourié de frayeur ; mais je vois que , grâces à Dieu, vous ne mourez pas de celle-là. — Nous frémirion d'horreur, nous mourrion d'épouvante si nous voyon une âme en péché mortel. — Puisqu'il faut mourir , qu'importe que nous mourrion un peu plus tard ou un peu plus tôt. — Nous couron aujourd'hui sur la neige , demain nous couron sur la glace ; mais y courons nous sans tombé ? — Si nous tombion, Alexis courait nous relevé et nous secourait de son mieux. — Que ne voudré je pas avoir fait pour Dieu, s'il me fallait mourir aujourd'hui ?

73ᵉ EXERCICE. (Gram. nᵒˢ 118-128-129-138.)

Les élèves corrigeront les verbes ci-dessous.

Je sor d'une maison que j'ai quitté sans regret, quoique j'ai versé quelques larmes en partant. — Tu sor d'une maison que tu n'a pas regrettée quoique tu ai pleuré en la quittant. — Je vous envoi le voile que j'ai brodé, quoique j'ai grande envie de le garder. — Tu n'a pu empêché le chat d'entrée dans l'office quoique tu ai fermée la porte. — Tu paré triste, tu est fatigué, vas faire un tour de promenade pour te reméttre. — Ouvres la porte, entres dans cet appartement, prend ton livre et vas chez ton précepteur étudié ta leçon : ne te le fais pas dire deux fois, et ne me force pas à te punir. — Met ta confiance en ton père, écoute les conseils de ta mère, et pratiques-les fidèlement; ser ta patrie, sacrifi lui ton existence, meurt s'il le faut et ne te plain pas. — Ne craind point les hommes, qui ne juge que sur des apparences trompeuses; craind le Seigneur qui sonde le fond des cœurs. — Lève-toi et part, ta tante et malade est demande à te voir, ne revien pas qu'elle ne soit hors de danger. — Pourquoi refuse tu d'obligé tes compagnes? Pourquoi les contrari tu. les querelle tu sans cesse? Soi désormais aussi bonne pour elles, que tu vœu qu'elles le soit pour toi. — Je croi comme tu me l'assure, ma chère Zoé, que tu joui d'une entière certitude, fai que je te voi et vien bien vite. — J'emploi mon temps comme tu désire que je l'emploi, c'est-à-dire aussi a réablement que tu emploi le tien. — Emploi, je te prie, le papier que je t'envoi. — Flavie n'emploit elle pas de la soie dans ses ouvrages de tapisserie? Il faut que j'en essai aussi; comment nout elle les bouts? Noué vous proprement les vôtres? — Est-il donc nécessaire, mon enfant, que tu voi ce que je fai pour que tu croi que je m'occupe utilement! Redouble d'ardeur afin que ton père voi tes progrès et qu'il ne croi plus que tu per le temps. — Nous envoyon deux mètre de toile à Caroline; dite moi s'il faut que nous lui en envoyon davantage. — Hé quoi! faut il que j'ai fait une faute et que tu en porte la peine? — Tu apportera la corbeille que j'ai demandée, et tu la laissera sur la table a moins que je n'en ai plus besoin. — Je ne puis te donné les aiguilles que tu demande; je croi que je n'en ai plus. — Voila des orangers dont la vue surprendra Clémence, car elle ne croi pas que j'en ai d'aussi beaux. — Vas, cour aprés les papillons puisque cela te plai, met toi en nage et per ta peine à les poursuivrent; ou prend les si tu peu; je ne renouveleré pas ce jeu qui m'a essoufflé avant hier. Ne sor pas, reste avec moi, assié toi, changon un exercice fatigant et inutile en un exercice agréable et instructif; fai ce que je te di et ne rejetes pas ma proposition, ou bien vat en joué de l'autre côté et ne vien pas me dérangé dans mes études. — Vas, malheureux, vat en d'ici, sor de ma présence, cour te caché, vas te faire traité comme tu le mérite et ne paré plus devant moi. — Hélas! faut-il que nous employon tant de temps pour un corps périssable, et que nous en employon si peu pour une âme immortelle ? — Vien, Charlotte, fai moi un peu de lecture et prête y toute ton attention, ne vas pa me refusé au moins, je t'en pri. — On te demande au jardin, cour, va y desuite, porte y les graines et donne-en la moitié au jardinier. Ne marchez pas si vite, ne faisiez pa cela. N'ailliez pas chez lui. Ne vous mettiez pas là. Ne vous mêliez pas de cette affaire.

76ᵉ EXERCICE. (Gram. nᵒˢ 123-131-132.

Les Élèves corrigeront les verbes ci-dessous.

Ce prince voulé porté un édit qui effraya ses sujets et les détourna du christianisme ; mais la mort l'empêcha d'exécuté son projet impie: — Un autre porta un édit qui ébranla la foi naissante de ses sujets et les empêcha d'accueillir les Missionnaires. — David voulu bâtir un temple au Seigneur, et il rassembla pour cela les matériaux nécessaires : mais ce fu Salomon son fils, qui commença et acheva ce superbe édifice, que l'on comptat toujours au nombre des merveilles du monde. — Je souhaiteré un précepteur qui fu capable d'instruire mes enfans et qui leur offri dans sa conduite un modèle a imité en tout point. — Comment a tu souffert que Catherine entra dans ma chambre, qu'elle approcha de mon bureau, qu'elle regarda dans les tiroirs, fouilla partout et lu toutes mes lettres ? Voilà les dessins que fi Julie, les chemises qu'elle cousi, les bas qu'elle tricotat, les bonnets qu'elle broda et qu'elle me chargat d'offrir à ses parents; je n'avé pu encore trouvé l'occasion de m'acquitté de cette commission. — On désire savoir pour qui est le chapelet qu'achettat Denise et ce qu'il coutat. — La dame qui vint l'année dernière et qui tînt Léonie au baptême, tomba malade en arrivant dans sa famille; elle mouru peu de jour après et voulu qu'on l'enterra dans la chapelle de son château. — Je n'auré jamais cru qu'un pareil expédient lui vint dans l'esprit ni qu'elle obtin de si brillants succès. — Il fallait que le Christ souffri, qu'il expira sur la croix, et qu'il entra ainsi dans sa gloire. — Je vi cette femme lorsquelle parvint jusqu'à toi, qu'elle te parla à l'oreille et qu'elle t'enlevat ta montre. — Il serait à souhaité que François s'appliqua à ses leçons et qu'il parvint à corriger son accent. — Je ne savé pas que Mathilde eu autant de mémoire et qu'elle su si bien la géographie, — Quels livres vous apportat on pendant mon absence? Où les placat on? Pourquoi vous recommandat on de les tenir cachés? — Félicie grondat beaucoup ses enfans hier au soir; mais qu'y gagnat elle? Quel bien en résultat il? Ce sont des enfants dépourvus de sentiment et dont on ne pourra rien obtenir, les comblat on de caresses, les accablat on de réprimandes, les assomat on de coups? — Henri allat il vous voir jeudi? Vous donnat il des gravures? Vous communiquat il ma lettre? Vous avouat il sa faute? Vous parlat il de ses projets? Restat il longtemps chez vous? Ne s'ennuyat il point de votre vie solitaire? — Vous ne devez point trahir votre foi pour plaire au prince, vous donnat il la moitié de son royaume, vous menacat il de la mort, vous envoyat il en exil, vous condamnat il aux plus horribles tourment. Votre aïeul n'endurat il pas les plus cruels supplices, et ne remportat il pas une glorieuse victoire sur le monde et sur l'enfer?

77e EXERCICE. (Gram. nos 153 154-155-156.)

Les élèves distingueront le participe présent d'avec l'adjectif verbal et elles compléteront les uns et les autres.

J'ai vu des feux dévoran, embrasan cette maison et la réduisan en cendres. — Ou voi des enfans contrarian par caractère, contradisan sans cesse leur condisciples, par le seul plaisir de contrarier. — Voyez-vous ces bosquets verdoyan , couvran le haut de ces montagnes et charman la vue du voyageur fatigué? Ils sont arrosés par un ruisseau dont les ondes rafraichissan et serpentan dans toutes les directions en font un séjour charman. — Je vous répèterai des contes amusan , recréan bien les enfans et les tenan attentifs. — Mes sœurs jouan avec mes frères sont tombées du haut de l'escalier, et en tomban se sont cassé la jambe. — Ces hommes là étaient actifs et prévoyan, arrangan toutes choses à propos, ne s'embarrasan de rien et n'embarrasan personne, excusan les autres et réparan les mécomptes, prévenan les difficultés et inspiran à tous une entière confiance. — Des ruisseaux coulan avec un doux murmures, des près parsemés d'amarantes et de violettes formaient des bains rafraichissan aussi purs et aussi clairs que le cristal; mille fleurs naissan émaillaient les tapis verts dont la grotte était environnée. — Les soldats environnan la ville et les hameaux environnan , formaient un cordon sanitaire qui nous ferma le passage. — Des glaives étincellan, brillan de toutes parts, nous firent craindre de nous trouver parmi des ennemis. — Ces arbres sont bien dessinés et ravissant de beauté. — Voilà des remèdes calman et adoucissan , calman et adoucissan l'âcreté des humeurs. — La foudre retentissan à nos oreilles, ne nous ferat elle point redouté les vengeances du Seigneur ? — Au pied du trône, était la mort pâle et dévoran avec sa faulx tranchan et acérée qu'elle aiguisait sans cesse. — Nous avons vu ces hommes gémissan et pleuran sur les ruines de leur patrie ; ils étaient tremblant et demi-morts de frayeur, faisan des vœux et n'osant plus espérer de voir ses murs se relever. — La nature toujours agissan et varian ses productions à l'infini, satisfait tous les goûts, — Voilà des couleurs changan et brillant à l'excès. — La marée montan est propre à mettre les vaisseaux à flot. — La marée montant jusqu'à Rouen facilite le commerce de cette ville. — J'ai vu des lions rugissan courant après leur proie et la poursuivan dans les bois. — Les rossignols chantant au beaux jours naissan· dans de rian bocages, les hiboux huan dans de vieilles forêts et fuyan la clarté du jour, forment des contrastes frappan. — Descendan d'une race sainte, rendez-vous dignes de vos pères. — Descendan si rapidement l'escalier, ces enfans se précipiteront en bas.

78e EXERCICE. (Gram. nos 158-159 et *.)

Les Elèves écriront les participes passés des infinitifs ci-dessous.

Aimer, appeler, chanter, chanceler, semer, jouer, louer, saluer, employer, envoyer, servir, jouir, garentir, mentir, gémir, applaudir, sentir, haïr, courir, frémir, vêtir, offrir, souffrir, couvrir, cueillir, acquérir, assaillir, pétrir, blanchir, savoir, apercevoir, recevoir, concevoir, vouloir, pouvoir, valoir, voir, déchoir, mouvoir, craindre, rendre, prendre, prétendre, descendre, défendre, peindre, teindre, tondre, tordre, mordre, coudre, moudre, absoudre dissoudre, répondre, plaindre, joindre, permettre, dire, écrire, étendre, éteindre, oindre, ceindre, feindre, rompre, interrompre, résoudre, lire, plaire, paraître, suffire, suivre, faire, maudire, détruire, construire, se repentir, s'abstenir, s'humilier, s'évanouir, s'absenter, s'asseoir, se remettre, se vaincre, s'enfuir, se convaincre, se repaître, s'étendre, se reconnaître, aller, venir, entrer, sortir, partir, naître, vivre, mourir.

Pour trouver ces participes passés, les Elèves en formeront des temps composés avec l'auxiliaire avoir *ou* être *comme ci-dessous.*

J'ai aimé, tu as chan..., il a appel..., nous avon chancel..., vous avez seme..., ils ont jou..., j'eus lou..., tu eus salu..., il eut employ..., nous eûmes envoy..., vous eûtes serv..., ils eurent jou..., j'avais garant..., tu avais ment..., etc *jusqu'au bout.* Je serai allé ou allée; tu sera sorti ou sortie, nous serons entrés ou entrées, etc., etc.

N. B. *Arrivés au* participe passé, *les Élèves doivent être sans doute suffisamment exercées à l'analyse et aux diverses conjugaisons des verbes* transitifs, intransitifs, passifs, pronominaux, *et* unipersonnels; *sans cela, elles ne pourraient profiter des exercices suivants.*

78e EXERCICE. n° 160.)

Les élèves désigneront les participes passés, et les feront accorder avec les substantifs auxquels ils se rapportent.

Qu'elle es belle cette nature cultivé ! que, par les soins de l'homme elle est brillant et pompeusement paré! Il en fait lui-même le plus bel ornement et il met au jour, par son art, tout ce qu'elle recelait dans son sein. Que de trésors ignoré! que de richesses nouvelles, les fleurs, les fruits, les grains, perfectionné à l'infini ! les espèces utiles d'animaux transporté, propagé, augmenté sans nombre; les espèces nuisibles rédui, confiné, relégué. — L'or et le fer plus utile que l'or tiré des entrailles de la terre : les torrens contenu, les fleuves dirigé, resserré, la mer soumis, reconnu, traversé d'un hémisphère à l'autre; la terre accessible partout, partout rendu ausi vivant que féconde ; dans les vallées, de rian prairies; dans les plaines, de riches paturages ou des moissons encore plus riches; les collines chargé de vignes et de fruits. leurs sommets couronnés d'arbres utiles et de jeunes forêts; les déserts devenus des cités habité par des peuples immenses qui, circulan sans cesse, se répandent du centre jusqu'aux extrémités; des routes sûres et fréquenté; des communications établi partout comme autant de témoins de la force et de l'union de la société. — Né le plus souvent dans l'orgueil, les vertus humaines y trouvent leur tombeau; formé par les regards publics, elles vont s'éteindre dans les ténèbres ; appuyé sur les jugements des hommes, elles tombent sans cesse comme ces appuis fragiles.

Brulé par l'ardeur du soleil et fatigué d'une longue course, nos voyageurs s'arrêtèrent dans une vallé ombragé de peupliers. Agité par la crainte, affligé par le souvenir de ces iniquités, épuisé par une longue résistance, mon âme, vous cherche, ô mon Dieu!—Égaré par sa raison, troublé par son imagination, assailli par les craintes de l'avenir, l'insensé court à sa perte.—Blâmé, contredi, raillé, méprisé et battu, ces malheureux se retirèrent souffrant et confu, mais non découragé. — Ces portraits pein par un habile artiste et parfaitement ressemblan, se voient encore dans la principale pièce du château de M..... — Nous vîmes des milliers de cadavres gisan sur le champ de bataille et à demi dévoré par les oiseaux de proie. Béni et adoré soit à jamais, la très-aimable volonté de Dieu. — Béni soit dans tous les siècles, les saints noms de Jésus et de Marie.

80e EXERCICE. (Gram. no 161.)

Les Élèves corrigeront les participes ci-dessous.

Nous oublions aisément nos fautes, lorsqu'elles ne sont su que de nous. La mort n'est prématuré que pour celui qui meurt sans vertus. — Vos amies seraient arrivé ce matin si elles n'avaient été retenue par la pluie. — Nous sommes retourné par un autre chemin que celui par lequel nous étions venu. — Les hommes passent comme les fleurs qui, épanoui le matin, le soir sont flétri et foulé aux pieds — J'ignorais ou étaient allé mes compagnes; je sais maintenant qu'elles étaient renfermé dans leur cabinet et occupé à écrire des lettres qui seront lu avec plaisir. — On nous rapporta que les voleurs avaient été poursuivi et que se voyan sur le point d'être atteint, ils s'étaient enfui dans le plus épais du bois. — Cette personne était né avec d'heureuse dispositions, mais son éducation fut négligé. — Ces enfans arrivan tard à l'école, rian, jouan, caquetan sans cesse se trouvent les plus ignoran et seront privé des récompenses du au travail et à l'application. —Lorsque l'âme est agité, la face humaine devient un tableau vivan où les passions sont rendu avec autant de délicatesse que d'énergie, où tous les mouvemens de l'âme sont exprimé par un trait, et où chaque action est désigné par un caractère. — Que sont devenu les demoiselles confié à vos soins? Elles étaient sorti ce matin, et devaient être rentré ce soir ; quand elles seront revenu, vous leur direz que leur tante est parti. — Le cœur de l'homme ingrat est semblable à un désert qui boit avidement la plui tombé du ciel, et ne produit rien. — Je vis les fruits qui étaient tombé de l'arbre ; il furent ramassé et mangé par Nathalie qui s'était caché derrière la haie. — Là nous sont proposé les profondeurs incompréhensibles de l'Être suprême, là sont expliqué les mystères qui étaient enveloppé et connu seulement dans les anciens monumens. — Vos yeux ne sont pas clairs et brillan ; ils sont au contraire ternes et larmoyan, laissan continuellement couler des larmes. — Avant que Rome fût gouvernée par un seul, les richesses des principaux Romains étaient immenses; elles leur furent toutes ôté sous les empereurs. Cependant quoique les sources des richesses fussent coupé, les dépenses subsistaient toujours ; le train de vie était pri. — Bien loin d'être contredi, blâmé, repri et corrigé, ces enfans seront caressé, applaudi, flatté en toute rencontre. — Les malheureux qui ont été proscri, poursuivi par leurs ennemis et banni de leur patrie seront condui demain sur les frontières. — Vos lettres étaient parfaitement écri; elles seront sûrement loué, admiré et proposé pour modèles ; quand elles auront été lu, copié et transcri, elles vous seront rendu. Ces évènemens ont été détaillé et décri, les personnages ont été caractérisé, dépein et démasqué de la manière la plus plaisan.

81ᵉ EXERCICE. (Gram. nᵒˢ 162-163-164.)

Les élèves désigneront les compléments directs des participes en tirant un trait au-dessous, et elles feront l'accord.

Voilà les manchettes que j'ai repassé, les dentelles que j'ai blanchi à neuf; comment trouvé vous tout cela? — Nous avons poursuivi, et atteint au bout de l'allée, les deux chevraux qui s'étaient sauvé de l'étable. — Vos maîtresses se seront réjoui de vous avoir toujours vu obéissantes et laborieuses. — Elles ont aperçu dans le jardin, plusieurs élèves qui y étaient allé sans permission elles m'ont données l'ordre de les faire rentrer; je suis donc descendu, je les ai appelé et poursuivi, enfin je les ai attein et semoncé d'importance ; je pense que ces étourdies ne seront plus tenté d'y revenir; elles ont bien promi de se corrigé. — On vous a envoyé des livres, les avez-vous reçu? Vous me direz comment vous les avez trouvé quand vous les aurez lu et examiné. - Nous avions bêchés nos carrès, nous y avions semé des graines, mais elles n'ont pas levées. — Les noyaux de cérises que j'avais planté ont germés; les arbres que tu avais greffé n'ont pas encore poussés. — Nos oliviers avaient souferts du froid et ils ont péri. — Cet enfant a lu, cette petite fille a lu. — Je croyais que vous aviez vu et approuvé les couplets que Sophie a composé et que j'ai transcri sur un papier vélin. Il parait que vous n'aurez pas commencés vos lettres quand j'aurai fini les miennes. — Telle fut la reine dans tous le cours de sa vie: Dieu l'avait élevé sur le trône afin qu'elle honorât la religion, il l'avait uni au plus grand roi du monde, afin que sa vertu fût plus regardé. Nous avons approfondis nos obligations, nous avons examinés et reconnus lès fautes dans lesquelles nous sommes tombé. — Vous auriez dû faire des excuses aux personnes auxquelles vous avez manquées. — A peine Laurence avait elle parue dans le salon qu'elle a disparue aussitôt. — J'ai craint ces fruits, quoique je connusse l'arbre qui les a portés et où ils ont muris. — Les eaux qui ont jaillies de cette source sont tombés sous cette roche d'où elles sont sorti par l'écluse et ont arrosées la prairie. — Les enfans ont appelés, ils ont criés et frappés; les as-tu entendus? leur a tu répondus? Marie leur a parlés poliment et ils ne l'ont pas écoutés, et ils l'ont traité de folle. — Nous avons admirés les tableaux que vous avez peint. — Ces malheureux ont pleurés, ils ont soupirés et gémis toute la nuit, et personne ne les a secouru, personne ne les a consolés. — Edouard a travaillé, Sophie a travaillée, vos frères ont travaillées, vos sœurs ont travaillées.

82e EXERCICE. (Gram. nos 161-162-163.)

Les élèves désigneront les compléments directs et feront l'accord du participe.

Le souvenir des peines qu'a enduré le Sauveur a soulagé nos cœurs abbatu. — Votre mère a-t-elle expédiée les marchandises qu'on lui avait demandée? — Ces jeunes personnes ont constamment parues vertueuses; j'espère qu'elles seront toujours fidèles aux principes qu'on leur a inculqué dans leur enfance. — Les leçons que vous avez reçu ont été reconnu nécessaires dans votre position. — Les conseils que je t'ai donné en t'invitant à t'appliqué, ne peuvent qu'être approuvé de tout le monde, tu ne te repentira pas de les avoir suivi. — On ne peut qu'admiré les talens que ce magistrat a déployés dans une affaire jugé si difficile. — La patrie peut être regardé comme la mère commune que le Seigneur a donné à ces grandes familles appelé *nations*, — Les mauvaises compagnies que Lucien a fréquenté l'ont égaré, et quand elles l'auront entièrement perdues il ne pourra plus revenir sur ses pas.

Nous connaissions les vertus qu'avait pratiqué Louis, nous avions entendus les conseils qu'on lui avait donné et qu'il avait si fidèlement suivi ; nous avons été témoins de la conduite admirable qu'il a tenu pendant son séjour au collége et de sa modestie ravissan , frappan les regards de tous ceux qui ont vu ce saint jeune homme, mais nous n'avons par marchés sur ces traces. — La somme de huit cents francs que j'avais payés m'a été redemandé , mais je ne l'ai pas donné. — Les petites filles dont vous m'aviez parlées et que vous m'avez tant recommandées sont venu à l'école; elles ne m'on pas parues disposé à suivre les avis que vous leur avez donné, et je ne les aient pas jugé dignes de l'intérêt que vous leur aviez montrées. — Les réflexions qu'a fait notre maîtresse et qu'elle m'a communiquée, m'ont parues très-judicieuses. Ces fruits leur avait semblés mûr et avait tenté leur gourmandise; c'est pourquoi ils les ont cueilli et mangé. — Les lettres que vous aviez écrit ont étées perdu ; on les a cherché inutilement, elles n'ont pu se retrouvé. — Vos sœurs ont beaucoup étudiées pendant les deux heures que vous avez dormies, elles ont ensuite courues et gambadées dans le jardin, car elles avaient très bien récitées les leçons qu'elles avaient appris. Les personnes que vous avez contredi et interrompu se sont fachées; elles se sont plain à votre père, qui exige que vous en soyez puni, ma pauvre Adèle. — Touché, attendri, pénétré de vos bons procédés, Thérèse a promis de vous être soumise. — Mes filles sont revenues tard de la classe ; elles ont dînées de bon appétit, et sont retournées aussitôt au travail. —Dieu nous a créé à son image, il nous a donné l'intelligence pour le connaître, il nous a donné un cœur pour l'aimé, il nous a comblé de faveurs et nous en a promi de plus grandes encore, si nous observons les commandemens qu'il nous a donné. — J'ai fait les remèdes que l'ont m'avait prescrits, et ils m'ont faits grand bien. — Les grandes réputations ont enchaînées les opinions, décidées les suffrages. — Tous les hommes qui ont contemplés la marche régulière des astres, ont reconnus l'existence d'un Etre tou-puissant. — La vie de l'homme finit comme elle a commencé : dans les souffrances et dans les larmes. — Les fruits verts que tu as mangé, ma chère Agathe, t'on causée les coliques que tu as endurée. — Quel droit vous a rendu maîtresse de cette maison, mesdames ! Là se trouvaient réuni les grands hommes qu'a produit la France. — Les hommes qui ont le plus vécus ne sont pas ceux qui ont comptés le plus d'années. — Mesdemoiselles, vous êtes nées dans un climat qui vous a rendu robustes. — Le mérite de son style tient au progrès qu'a fait la société en France. Vos esclaves, madame, vous ont trahi : ils vous ont vendus à vos ennemis. — Les services que ma fille avait reçue de vous, l'avait pénétré de reconnaissance.

83e EXERCICE. (Gram. nos 466-467.)

Les élèves feront comme ci-dessus.

Vos citoyens s'était attirés de grands malheurs.

— Ils ont été vaincus par les ennemis qu'ils s'étaient fait et qu'ils s'était imprudemment attiré sur les bras. — Ces femmes se sont attiré mutuellement dans le piége qu'elles s'étaient tendues. — Ma jambe que j'ai sentie mordre par ce chien, je l'ai senti s'engourdir à l'instant.

La femme que tu a vu battre ses enfans est celle que javais vu battre par son mari. — Les ruisseaux que tu a vu couler et que tu a vu détourner ont fertilisés ces prairies. — Ma fille que j'ai envoyé chercher son frére, est celle que j'ai envoyée chercher à la pension. == La montre que nous avons vue voler n'est pas celle que nous avons vue tomber. — Ces méchans enfans se sont disputés toute la matinée; ils se sont disputés une orange, ils se sont faits des grimaces, et après s'être donné des coup de poing, ils se sont jetés des pierres. — Ces filles s'étaient injuriés tout le jour, elle s'étaient querellé et battu avec un acharnement étrange. On ne saurait concevoir les maux que s'est faite Virginie par sa mauvaise langue. Ursule, s'était faite mal à la jambe; mais elle s'est faite un remède qui l'a guérie. — Ces petites filles sont fort gaies, tu les a faites rire, tu les a faites sauter tant qu'elles ont voulues. — Joseph s'est fai prêtre; sa sœur s'est fai religieuses; tes frères se sont fai chartreux, tes cousines se sont fai carmélites. — Ma chère enfant, tu t'es faite une blessure, tu t'est blessée la jambe, tu t'est blessée à la tête. — Les personnes que nous avons vu périr s'étaient exposées imprudemment. — Les paysages que j'ai vus calquer étaient charmans; je les ai vu achever par celle de tes sœurs que j'avais entendu chanter dans un concert. — Voilà des beaux livres que vous avez dédaignés de recevoir, et que vous avez refusé de lire, je ne sais pourquoi. — Nous avons gâté les robes que nous avions essayé de couper. — Les souillés que tu avais essayé ont été vendu à un autre. — Ce sont des fruits que j'aurais craints de manger. — Chère Julie, a tu vue les avocats que je t'avais prié de voir? Tu retournes encore chez les dames que l'on ta défendues de fréquenté. — Pour être sûr de la vérité, il faut l'avoir entendue énoncer d'une manière claire et positive. — Les arbres que j'ai laissé croître librement ont bien grandis. — L'alliance que ce prince avait envoyée demander lui fut accordée. — Cette femme s'est conciliée l'estime de tous les honnêtes gens : elle s'est choisie une compagne intelligente et adroite. — Albine s'était senti malade, et cependant elle s'est senti le courage de monté à cheval. — La promenade qu'a fait Julie lui a fait grand bien. — Nous avons su qu'elle s'était donnée la mort avec du poison. — Ces enfants se sont avoués coupables, ils se sont avoués réciproquement leurs torts. — Ces dames s'étaient mutuellement reconnues des droits à votre succession ; mais elles se sont ensuite rendu incapables de vous succéder. — Ces trois ministres s'étaient succédés en peu de temps, — Les années que ce prince a régnées, ont éternisées sa mémoire. — Les trois mois que Félicie a langui en prison lui ont paru trois siècles. — Caroline s'est procuré une bonne domestique, elle s'est proposée de la garder toute sa vie. — Les personnes qui ont établies cette maison ont bien méritées de la patrie Mélanie, as-tu terminé les bonnets que je t'avais donné à faire et les cantiques que je t'avais chargé de transcrire ?

84ᵉ **EXERCICE.** (Gram. nos 168-169-170-171-172.)

Les élèves désigneront les compléments directs des participes et feront l'accord.

Nos ennemis se sont ris de nos maux. — Ces dames se sont retirées à la campagne, et se sont suffies à elles-mêmes. — Nos petites filles se sont appliquées de vigoureux soufflets ; cela ne serait pas arrivé si leurs mères s'étaient appliquées à leur inspiré de bons sentimens. — Les habitans de la ville se serait ils laissé assommé comme des victimes ? — Les bergers ont ramenés les chèvres que vous aviez laissé errer dans la forêt. — Les blés que vous avez faits couper, je les avais vu semer. — Ô Nathalie ! Si le destin t'eut laissé vivre ! — Nous avons fait toutes les démarches que nous avons pues. — Dè que ces demoiselles se sont vues, elles se sont souries, elles se sont parlées, elles se sont embrasées et se sont racontées toutes les nouvelles du temps. — La langue espagnole est celle que j'ai parlé plus habituellement. — Vos parens s'étaient plus à nous contrarier et en cela ils se sont nuis. — Vos oncles qui s'étaient proposés pour maîtres de langues, se sont proposés diverses questions qu'ils n'ont pues résoudre. — Je suis étonné, Madame, que vous ne m'avez pas envoyé les objets que je vous avais priés de m'adresser à Bordeaux. — Nous vous envoyons le cachemire que vous nous aviez achetés et que vous nous aviez prié de vous expédier par le bateau à vapeur. — Vous continué à fréquenté les amies que je vous avez défendues de voir. — Vous avez refusé les remèdes que l'on vous avaient ordonnés de prendre. — Ces deux hommes s'étaient prescrits de grands devoirs à remplir, ils s'étaient imposés des obligations difficiles, s'étant obligé à vivre pauvrement. — Joséphine n'a pas remplie les devoirs qu'elles s'était prescrite. — Nous avous plain les deux petites filles que tu a faites chasser de l'école. — Ces jeunes personnes se sont déclaré leurs sentimens. — La géographie est une science que j'ai aimé à cultiver. — C'est une chose que nous avions résolue de faire. — On attribuera votre retard aux pluies qu'il a faites, au froids qu'il y a eus, aux orages qui se sont succédés. — Savez vous le nombre de jours que vous avez vécus ? — Que de malheurs il vous est arrivés ! Que de maisons il s'est bâties cette année ! — Ma fille, je vous interdis la compagnie des personnes que je vous ai entendues louer et que je vous ai vues trop souvent fréquenter. — Les hommes que la vérité s'est assujettie sont biens différens de ceux que la passion s'est asservie.

85e EXERCICE. (Gram. no 195.)

Les Élèves écriront les mots ci-dessous, et les accompagneront des substantifs qui en sont les dérivés.

Accorder, *accord* ; acquitter, *acquit* ; abricotier... —

appuyer... — apprêter... — arrêter... — artiste... — arcade... — assignation... — aviser... — argenter... — embrasser... — accrocher... — aborder... — abuser... — assassiner... — crier... — cadenasser.. — attribution... — cabaretier... — champêtre... — camper... — chanter... — caqueter... — compasser... — créditer... — crocheter. — débiter... — dégoûter... — draper... — darder... — doigter... — écarter... — débarasser... — respecter... — éclater... — cacheter... — engraisser.. — excessif... — exactitude... — indigoterie... — jeter... — planer... — planter... — paysage... — plier... — plomber... — poignarder... — polir... — potable... — préciser... — prévôté... — primatial... — profitable... — professer... — profondeur.. — progressif... — seconder... — salutation... — sangloter... — sanguin.. — sensation.. — serpenter... — sourciller... — subitement.. — souricière.. — tamiser... tarder... trafiquer... tricoter... bondir... — boueux.. — bâter.. — exploiter.. — brigandage.. fusilier.. — galopper.. — persister.. — hasarder.. — larder.. — magistrature.. — prélature.. — tapisser... — universel... — léguer.. — disposer.. — discuter... — convertir.. — employer.. — balayer.. — envoyer.. essayer.. — ennuyer.. — ganter.. — achalander.. — acheminer...

86e EXCERCICE. (Gram. nos 196-197-198-199.)

Les élèves compléteront les substantifs en italiques des phrases ci-dessous.

La *bou* de la *ru*, la *rou* du char, la *plai* du cœur ; la *clé* de la porte ; *l'allé* du jardin ; la *hai* du pré ; la *jou* vermeille ; la *plui* rafraîchissante ; *l'oui* fine ; la *vu* claire : la *statu* colossale ; la *pi* voleuse ; *l'amitié* sincère ; la *parentée* affectionné ; la *santé* florrissante ; la *charité* héroïque , la *queue* du serpent ; la *moitié* de la terre ; la *joi* pure ; la *jalousi*, *l'envi* aux yeux farouches; la *laitu* amère ; la *piété* aimable ; la *vertu* persévérante; *l'assemblé* nombreuse ; la *charrete* de foin ; la *cherté* des vivres ; une *denré* rare ; la *cheminé* du salon : la *cuilleré* de café ; la *rai* du papier ; la *journé* agréable, la froide *matiné*, *une soiré* d'automne ; une *rangé* d'arbres ; une mauvaise *plaisanteri*, une *fusé* légère ; une bonne *risé*; une *pelleté* de feu ; une *armé* formidable ; une *porté* de fusil ; une *écuellé* de bouillon ; une *fricassé* de poulet ; une *fourné* de pain ; une *anné* d'abondance ; la *stérilité* du sol ; *l'affabilité* des manières ; une *niché* d'oiseaux, une *bouilli* de farine ; une *métairi* considérable ; une *cru* d'eau; la *gelé* de coingt; la *veillé* du château; la *dicté* du devoir ; un *paraplui* rouge ; un *lycé* renommé ; un animal *amphibi*, un *impi* avéré ; un *trophé* d'armes ; un vaste *géni* ; un affreux *incendi*, une bonne *renomme*; la *légèreté* de l'âge ; *l'étourderi* de l'enfance ; *l'équité* du magistrat ; la pieuse *pensé*, une *lieu* de distance ; la *poigné* de *l'épé* ; la *charru* du laboureur.

87º EXERCICE. (Gram. nos 201-202.)

Les élèves mettront e ou a à la place de l'astérique.

La surveill*nce, la désobéiss*nce, la confi*nce, la confid*nce, l'imprud*nce, l'exist*nce, l'abond*nce, l'arrog*nce, l'insol*nce, la dép*nd*nce, la veng*nce, l'excell*nce, l'int*nd*nce, la t*mpér*nce, l'exig*nce, l'oblig*nce, la compét*nce, la néglig*nce, l'éloqu*nce, l'appar*nce, la v*nd*nge, l'innoc*nce, la complais*nce, la prét*nd*nce, l'indol*nce, la médis*nce, l'ignor*nce, la sci*nce, la connaiss*nce, la t*nd*nce, l'expéri*nce, la conniv*nce, la prov*nce la gar*nce, la récomp*nse, la g*nce, la p*nse la p*nsée, le p*nsement, la pot*nce, la jouiss*nce, l'audi*nce, la révér*nce, la s*nt*nce, la croy*nce, la d*nse, la d*nt, l'off*nse, la déf*nse, la quitt*nce, l'enf*nce, la circonst*nce, la bal*nce, l'ais*nce, la résid*nce, l'influence, la délivr*nce, la consci*nce, la confér*nce, la subsist*nce, la naiss*nce, la puiss*nce, la condesc*nd*nce, la pétul*nce, la nonchal*nce, la consist*nce, l'effervesc*nce, la présid*nce, la dép*nse, la défér*nce, l'impati*nce, l'import*nce, l'insouci*nce, la suffis*nce, l'indig*nce, l'indiffér*nce, la défér*nce, l'assur*nce,

68e **EXERCICE.** (Gram. no 202.)

Les Élèves corrigeront les fautes qu'elles reconnaî-tront dans les phrases ci-dessous.

Un affreu accablement, une sévère rédition de compte ; l'accadémie française, l'acueil gracieux, l'occéan pacifique, l'occasion dangereuse, le grand profit, le preffet du département, l'éfet salutaire, la rigoureuse déffense, le défaut dominent, l'abbé de la trappe, l'acsan grave, de tendres adieu, le rédacteur du journal, la diformité horrible; l'interessant accusé, l'étonnente diférance, l'étrenge défience, l'offanse criente, l'apel nominal, le professeur habile, la boufoneri ridicule, le vigoureux souflé, les alimens sains, les alumettes phosphoriques, les louanges bannales, la brutale vengence, l'alé de tilleuls et de maroniers, la règle d'aliage, la délégation du juge, l'alégation mensongère, l'allongement de la ru, la règle dificile, le talent utile, l'honête commercent, le comi voyageur, la reparti comique, la commission indiscrette, la croutte du pain, la gouté d'eau, la profonde affliction, la terrible tempette, la trompette sonore, la cruelle opprésion, la flame étincellante, le dégoutant mélange, la suppression des honoraires, un irrésistible atrait, l'aprobation impériale, le tembour major, le tombeau magnifique, la trenblante duchece, la plasse de l'embassadeur, la marmote en vi, la dévotte dicimulé, le tempéramment irrassible, la descente rapide, l'appartement suprimé J'oficier importun, l'efusion du sang, l'inffusion de mélice, la pellice fouré, le calisse d'action de grasses, oppobre, infami, navete, girouete, cacerolle, calote, doutte, pilotte, crotte, anputation, tremblement, inpatiance, anpleur, emplois

88e **EXERCICE.** (Gram. nos depuis 205 jusqu'à 215.)

Les élèves mettront les majuscules, accens, cédilles, apostrophes, traits-d'union, trémas, et corrigeront les phrases ci-dessous.

les idumeens sont descendu de sau, fils de Jacob, Saul

fut reprouve à cause de sa désobéissance et le seigneur
donna son royaume à David, fils d'Isaïe. Vous avez use
mal apropo d'une severite qui sera préjudiciable a mon
enfan et au votre. Ce négociant a dans paris une superbe
maison qu'il a loue lete dernier a quelqu'un que vous
connaisser, la seine a sa source en bourgogne , elle
passa chatillon sur seine, a troyes, a melun , a paris ,
a rouen, et se jette dans la manche pres du havre.
jesus christ se contentait souvent d'eau et de pain d'orge
pour sa nourriture, et s'il diminuait un peu de cette ri-
gueur lorsqu'on l'invitait a manger, il la reprenait aussitôt après. s'il ont connaissait la malice du peche et l'in-
jure qu'il fait a Dieu , on y tomberait pas si souvent.
  il est dificile de déterminer au juste jusqu'ou setent
cette immense plaine qu'on ne peut franchir qu'après
plusieurs journes de marche. des qu'il eut termine
sa lettre il alla la porte lui même à la poste. lacier
n'est autre chose que du fer prepare d'une certaine manière, on trouve de l'or dans la presquile et deca et
au dela du gange — nous arrivame presquaussitôt que
vous au pied du rocher.—cet enfant est naif et candide
comme linocence. — larc en ciel est un phenomene
qui apparait après la plui. — il faut severement repri-
mer les acces de votre caractere irrassible. — vous devez
cent quarante francs à eulalie et deux cents quatre
vingt a louise — nous devons remplir notre devoir
quoiquon dise et quoiqu'on fasse pour nous mettre en
détourne. — donnez moi ce papier s'il vous plaît.— la
grand classe est tenu dans une grande salle cedee a
l'institutrice par ma grande mere et ma grande tante
qui demeuraient l'une et l'autre a la grande rue. —
Dieu donna sa loi a moise sur le mont sinai.

EXERCICES ORTHOGRAPHIQUES

GRAMMAIRE FRANÇAISE ÉLÉMENTAIRE

DEUXIÈME PARTIE

1er EXERCICE. (Gram. nos 226-230-231-232.)

Formez une proposition en joignant un verbe aux noms suivants.

1 La montre, — 2 le homard, — 3 le chardonneret, — 4 la poule, — 5 la brebis, — 6 le serpent, — 7 le matelot, — 8 le merle, — 9 l'araignée, — 10 l'opium, — 11 l'étoile, — 12 la paupière, — 13 le sang, — 14 le cœur, — 15 le bœuf, — 16 le maréchal, — 17 le cheval, — 18 la dent, — 19 l'arbuste, — 20 les ongles, — 21 la marmotte, — 22 les cheveux, — 23 le menuisier, — 24 la chèvre, — 25 le soleil, — 26 ce discours, — 27 l'alouette. — 28 ce serrurier, — 29 ces témoins, — 30 la grenouille, — 3 les écrits, — 32 le vin, — 33 l'écho, — 34 l'homme, — 35 Dieu, — 36 la fièvre, — 37 le pouls. — 38 l'arsenic.

1 Marche, — 2 nage, — 3 vole, — 4 couve, — 5 allaite, — 6 rampe, — 7 navigue, — 8 siffle, — 9 tisse, — 10 endort, — 11 scintille, — 12 s'abaisse, — 13 circule, — 14 palpite, — 15 rumine, — 16 forge, — 17 trote, — 18 broie, — 19 plie, — 20 poussent, — 21 s'engourdit, — 22 blanchissent — 23 rabote, — 24 grimpe, — 25 luit, — 26 ne redonde pas, — 27 épie — 28 rive, — 29 recusent, — 30 coasse, — 31 restent, — 32 enivre, — 33 répond, — 34 propre, — 35 dispose, — 36 abat, — 37 bat, — 38 empoisonne.

2e EXERCICE. (Gram. no 233.)

Dites combien il y a de propositions dans les phrases qui suivent.

La charité, qui est la reine des vertus, existera

toujours. Mettre en œuvre, pour la gloire de Dieu les talents qu'il nous a donné, est une de nos plus grandes qualités. L'imagination voit, l'intelligence comprend, le cœur d'un enfant pieux sent ce qu'il doit faire pour opérer son salut ; mais à sa volonté seule en appartient l'exécution. Pour s'exprimer clairement, on doit posséder nettement ce que l'on dit. Le Créateur a dit à la mer en lui traçant ses limites : ici viendra se briser l'orgueil de tes vagues. Il faudrait que cette jeune fille eût le cœur bien dur, pour rester insensible aux misères dont elle est entourée. On ne saurait dire si Esope eût sujet de remercier la nature ou de s'en plaindre. Job répondit à sa femme et à ses amis qui lui reprochaient sa confiance en Dieu, après la perte de ses biens : Dieu me les avait donnés, Dieu me les a ôtés ; que son saint nom soit béni.

3e EXERCICE. (Gram. no 234-235-236.)

Distinguez dans ces propositions les trois parties qui les composent.

PROPOSITIONS.	SUJETS.	VERBES.	ATTRIBUTS.
Le péage est une contri-bution.	Le péage	est	une contri-bution.
La gageure est gagnée.	La gageure	est	gagnée.
Ce cerf est agile.	Ce cerf	est	agile.

Ce loup est velu. Les oiseaux sont légers. Ces dames étaient bonnes. Les français sont inconstants, Napoléon était un général. Le ennemis ont été battus. Cet homme est un traître. Clotaire était un roi. Ses cheveux sont bouclés. Les cerises sont cueillies. Ce climat est chaud. L'europe est riche. L'oseille est acide. La physique est science. Constantin était un empereur. Panama est un isthme. Raphaël était un peintre. Pluton était un dieu. Diane était une déesse. Homère était poëte. Le Pas-de-Calais est un détroit. L'Hécla est un volcan. Jacob était un patriarche. Cristophe Colomb était un navigateur. Le Panthéon est un chef-d'œuvre. Le colibri est un oiseau-mouche. Cette colline est élevée. La musique est un art. Ce dessein est calqué. Cette condition est acceptée. Son jugement est prononcé. Les bœufs sont assomés. Le tabac est prisé.

4e EXERCICE. (Gram. nos 237-238.)

Décomposez les verbes attributifs qui suivent.

PHRASES.	SUJETS.	VERBES.	ATTRIBUTS.
Les raisins mûriront.	Les raisins	seront	murissants.
Les arbres ploient.	Les arbres	sont	ployants.
Le tonnerre gronde.	Le tonnerre	est	grondant.

Les richesses périssent. Le savoir demeure. La pluie tombe. Le vent souffle. Les années s'écoulent. Les vaisseaux voguent. La rivière déborde. Paul écrit. Julie déclame. Les manières séduisent. La lecture amuse. L'histoire intéresse. L'or brille. Le temps fuit. Je bêche. Il partira. La vertu plait. Ces arbres périront. Les rossignols chantent. Ces personnes voyagent. Elles prospèreront. Ces hommes végétent. Nous pensons et nous refléchissons; les animaux ne pensent ni ne refléchissent. Dieu existe. Le soleil luit. La comète parait.

5e EXERCICE. (Gram. no 239.)

Phrases où l'infinitif est employé comme sujet, attribut et complément.

PHRASES.	SUJETS.	VERBES.	ATTRIBUTS.	COMPLÉMENT
Pardonner est digne d'un grand cœur.	Pardonner	est	digne d'un grand cœur	
Travaillons à devenir meilleur.		soyons	travaillant	à devenir meilleur.

Aimer ses ennemis est un précepte. Médire est un mal. Il nous est défendu de prendre le bien d'autrui. Pardonner est digne d'un grand cœur. Je vais en classe dans l'intention de m'instruire. Parler de l'âme de Fénélon c'est parler de la vertu elle-même. Répondre aux injures, c'est les encourager. Un moment suffit pour détruire vingt années de bonheur. La crainte de se tromper, fait commettre bien des fautes. Vaincre ses passions est glorieux. Ermelinde s'occupe à seconder sa mère dans les travaux du ménage. Travailler pour plaire à Dieu c'est se faire un trésor dans le ciel.

6e EXERCICE. (Gram. no 240)

Distinguez dans les phrases suivantes, celles qui sont affirmatives, négatives et interrogatives.

PHRASES.	PHRASES		
	AFFIRMATIVES.	NÉGATIVES.	INTERROGAT.
Riche et heureux ne sont pas synonymes.		Riche et heureux ne sont pas synonymes.	
L'éclair sillonne le firmament.	L'éclair sillonne le firmament.		
Que désire-t-il ?			Que désire-t-il ?

L'orage ne cesse pas. Les nuages se dissipent-ils ? Je ne mériterai plus ce reproche. Je ne crains nul désagrément. Que dit cette dame ? J'aime Dieu de tout mon cœur. Tu ne déroberas rien. Il n'incommode personne. Tu n'es jamais prête. Jésus convertissait les pécheurs. Il ne fait aucune médisance. Elle ne répond rien. Je ne sais point cette anecdote. Ces demoiselles sont instruites. Louis et sa sœur sont-ils de retour ? Les passions sont nos plus grands ennemis. Ce madapolam est-il pour faire des carrés ?

7º **EXERCICE.** (Gram nº 241.)

Distinguez dans les phrases qui suivent le sujet simple et le composé.

PHRASES.	SUJETS		VERBES.	ATTRIBUTS.
	SIMPLES.	COMPOSÉS.		
Les plantes et les arbres végétent.		Les plantes et les arbres	sont	végétant.
Racine et Boileau étaient poétes.		Racine et Boileau	étaient	poétes.
Sémiramis était reine.	Sémiramis		était	reine.

Les hommes et les animaux se meuvent. Marie et Louise récitent. Le frère et la sœur sont instruits. Les Grecs et les Romains furent victorieux. Carthage a été détruite. Les vices et les passions avilissent. Vos amies vous attendent. Le perroquet et la pie sont bavards. Les noms de Fénélon et de Bossuet sont illustres. Mon père et ma mère sont indulgents. Le lys et la rose sont odorants. L'horloge et la montre sont déréglés. La pêche et la prune sont délicieuses. Ce laboureur est fatigué.

8e **EXERCICE.** (Gram. nº 242.)

Distinguez l'attribut simple du composé.

PHRASES.	SUJETS simple et composé	VERBES.	ATTRIBUTS simples.	ATTRIBUTS composés.
L'esprit et les manières séduisent.	L'esprit et les manières	sont	séduisant	
Les oiseaux gazouillent et fredonnent.	Les oiseaux	sont		gazouillant et fredonnant.

Les ongles de l'aigle sont crochus et tranchants. La lune luit, éclaire, brille et palit. L'enfant, les vertus, les défauts, les plantes croissent. Les abeilles bourdonnent. Les Russes furent vaincus et dispersés. Le père et le fils sortirent et rentrèrent. La lecture amuse et instruit. L'égoïsme est une monstruosité. L'homme pense et réfléchit. Cet officier et ce soldat sont vaillants. Le nom et les talents de cet historien sont célèbres. Le mensonge et l'envie sont odieux. L'eau et le vin sont des liquides. Ma mère est rentrée. Le miel est doux et salubre. Marie et Amélie sont polies.

9e EXERCICE. (Gram. nos 243-244.)

Compléments du sujet et de l'attribut.

PHRASES.	SUJETS.	Complément.	Verbes	ATTRIBUTS.	Complément de l'Attribut.
Notre gelée de groseilles est pure et transparente.	gelée	notre de groseilles	est	pure et transparente	
Le génie de certains grands hommes a doublé la puissance de leur patrie.	le génie	de certains grands hommes	a été	doublant	la puissance de leur patrie.

La modestie est l'ornement de toutes les vertus. L'indolence et la mollesse des peuples de l'Orient les ont conduits à la barbarie et à la misère. A Rome le vainqueur recevait une couronne de laurier. Agnès et Justine ne s'aimaient pas. L'éloquence de Cicéron et de Démosthène a été admirée. Le vrai mérite étonne. Les Gaulois friands aimaient beaucoup le potage et l'assaisonnaient de lard, d'huile d'amandes, de gruau, de purée de jaunes d'œufs, d'eau de rose, les saupoudrant ensuite de sucre et de safran. Les Russes fuyaient à l'approche des armées de Napoléon 1er. Les eaux de la mer se conservent par le flux et le reflux.

10e EXERCICE. Même sujet.

Un cœur bien né sera sensible à la misère des autres. La connaissance des hommes et l'expérience des choses sont le partage d'un certain âge. La lecture des bons livres fait supporter la solitude. Les compliments et les louanges ne sont souvent que des mensonges obligeants. Un esprit droit connaît bientôt le côté faible d'une question. Tous les grands conquérants ont été ambitieux Les poissons sont des animaux couverts d'écailles. Les folles dépenses ruinent une maison. Les hommes les plus suffisants et les plus vains, ne sont pas les plus capables. Avec de la persévérance on vient à bout des travaux les plus difficiles.

11e EXERCICE. (Gram. nos 245-246-247-248.)

Distinguez les compléments directs, indirects et modificatifs.

PHRASES.	Sujets.	Complém. modificat.	Verbes	Attributs.	COMPLÉMENTS	
					direct.	indirect.
L'homme discret ne cherche pas à connaître les secrets d'autrui.	l'homme	discret	est	ne cherchant pas	à connaître les secrets d'autrui	
La mauvaise foi est blamée par chacun de nous.	la foi	mauvaise.	est	blamée		par chacun de nous.

La politesse cordiale est la seule véritable. Chaque

chose dépend de la Providence divine. Le chrétien fervent combat jusqu'à la mort. La femme forte est louée dans l'Écriture Sainte. Le triste hiver est le temps du sommeil de la nature. L'homme de bien est utile à ses semblables. Le sommeil de l'honnête homme est paisible. Le Français intrépide dans le combat, est humain envers ses ennemis. L'homme sage est content de son destin. La religion chrétienne élève l'âme. Les bonnes actions portent leurs récompenses.

12e EXERCICE. (Gram. nos 249-250.)

Compléments circonstanciels.

PHRASES.	Snjets.	Verbes	Attributs.	Complém.	Circonstanciels.
On se forme l'esprit en lisant de bons livres.	on	est	formant	à soi l'esprit	en lisant de bons livres.
Henri IV se disposait à marcher contre l'Autriche quand il fut assassiné par Ravaillac.	Henri IV	était	disposant	soi à marcher	contre l'Autriche quand
	il	fut	assassiné	par Ravaillac	

Jeanne d'Arc fut brûlée à Rouen. Je viens de Paris. Je pars demain pour Marseille. Les hirondelles partent en automne, elles reviennent au printemps. Il vit selon les préceptes de l'Évangile. On voit fleurir l'ébène sur les rives du Gange. Quels moments délicieux je passais auprès de Marie. Il part à temps. Dieu dit : faisons l'homme à notre image et à notre ressemblance. Moïse mourut avant que les Hébreux entrassent dans la terre promise. L'eau se congèle, lorsqu'il fait froid. Alexandre prédit en mourant que ses funérailles seraient célébrées par des batailles sanglantes.

13ᵉ **EXERCICE**. (Gram. nº 251.)

Différentes sortes de propositions.

PHRASES.	PLEINES.	ELLIPTIQUES.	IMPLICITES.
Pourquoi le soleil qui est si gros nous paraît si petit.	pourquoi le soleil nous paraît si petit qui est si gros.		
Viendrez-vous me voir? non	viendrez-vous me voir ?		non.
Honorez et respectez la vieillesse.		Honorez et respectez la vieillesse.	

Respectez le talent malheureux et aidez la vertu souffrante. Moi, je ne vous aimerai pas! Non, ne le croyez pas; comptez au contraire sur mon attachement. Hélas! quel parti prendrons-nous! O mon Dieu ne m'abandonnez-pas. Fasse le ciel que les vœux que vous formez s'accomplissent. Pardon, mon Dieu pour toutes mes offenses. Recevons les maux de la vie comme une nécessité. Un grand nombre de personnes vont en Californie parcequ'elles espèrent y trouver beaucoup d'or. Titus regretait sa journée, qnand il n'avait pas trouvé l'occasion de faire une bonne action.

14ᵉ **EXERCICE**. (Gram. nºˢ 252-253.

Propositions principales absolues, et principales relatives.

Camille reçut le nom de second fondateur de Rome. Prop. princ, absolue. Elle est absolue parce qu'elle est la seule énoncée.

Nos aïeux n'avaient point nos habitudes, ni nos coutumes; leur simplicité contribuait à leur bonheur. Nos aïeux n'avaient ni nos coutumes ni nos habitudes. Prop. princ. Elle est princ. parce qu'elle a un sens complet, et qu'elle est la première énoncée. *Leur simplicité contribuait à leur bonheur.* Princ. relative. Elle est princ. parce qu'elle a un sens complet. Relative parce qu'elle n'est pas la première énoncée.

Les villes d'Herculanum et de Pompéie furent détruites par l'éruption d'un volcan. L'oisiveté amollit le corps, et un exercice modéré double ses forces. Dans le système du monde, tout se lie, s'enchaîne et se coordonne : la terre circule autour du soleil, la lune tourne autour de la terre ; les eaux de la mer gravitent vers la lune. Le ciel se couvre de nuages, l'orage se forme, le vent devient violent, les éclairs brillent, et le tonnerre éclate avec fracas. La pluie arrose la terre, le soleil en fait mûrir les fruits. La légéreté des enfants est une difficulté, contre laquelle s'est brisée mainte fois la bonne volonté des institutrices. St Bernard trouva Citeaux trop splendide et trop riche ; il descendit dans la pauvre Champagne et fonda le monastère de Clairvaux, dans la vallée d'Absinthe. J'évite la rencontre d'un conteur ennuyeux.

18e EXERCICE. (Gram. nos 254-255.)

Distinguez les différentes sortes de propositions, des phrases suivantes.

La mémoire de Henri IV est, et sera toujours chère aux Français parce qu'il mettait sa gloire et son bonheur à rendre son peuple heureux. Il y a 3 prop. dans cette phrase. 1° *La mémoire de Henri IV est.* Prop. princ. absolue, elliptique. Elle est princ. parce qu'elle exprime l'idée première de la phrase, absolue parce qu'elle est la première énoncée, elliptique parce que l'attribut est sous entendu.

2° *Et sera toujours chère aux Français.* Princ. elliptique relative. Elle est princ. parce qu'elle exprime l'idée première de la phrase, relative, parce qu'elle n'est pas la première énoncée, elliptique parce que le sujet est sous entendu.

3° *Parce qu'il mettait sa gloire et son bonheur à rendre son peuple heureux.* Incidente déterminative. Elle est incidente parce qu'elle n'a pas un sens complet. Déterminative parce qu'elle précise la raison pour laquelle la mémoire de Henri IV est chère aux Français. Le sujet est *il*; le verbe, *était*; l'attribut, *mettant*. Il est compl. ayant pour complément *sa gloire et son bonheur à rendre son peuple heureux.*

Madame, serez-vous de retour à neuf heures? Non. Trois prop. dans cette phrase.

1° *Je demande.* Prop. elliptique et prin. absolue. Elle est elliptique, parce que toute interrogation suppose la préexistence de ces mots *je demande*; elle est principale parce qu'elle exprime la principale idée. Le sujet est *je*, le verbe est *suis*. L'attribut est *demandant*; or il est simple, et complexe, ayant pour compl. l'incidente, *si vous, madame, serez de retour.*

2° *Si vous, madame, serez de retour.* Prop. Incidente dét. Elle est incidente parce qu'elle n'a pas un sens complet, et qu'elle dépend de la principale, déterminative parcequ'elle précise ce que l'on demande. Le sujet est *si vous madame*, le verbe est *serez*, l'attribut est ; *de retour* il est simp et comp. ayant pour comp. *à 9 heures.*

3° *Non*, mis pour *je ne serai pas de retour à 9 heures.* Prop. elliptique, et princ. relative. Princ. parce qu'elle a un sens complet, relative parce qu'elle n'est pas la première énoncée, elliptique parce qu'au lieu de figurer avec toutes ses parties elle n'est exprimée que par ce mot *non*. Le sujet est *je*, il est simp. et incomp. le verbe est *serai*. l'attribut est *pas de retour*; il est simple, et complexe, ayant pour complément *à neuf heures.*

La garance est une plante vivace dont la corolle campanulée, contient quatre étamines et un seul pistil. Ces montagnes à pic, du sommet desquelles s'aperçoivent des plaines fertiles, sont couvertes de moissons émaillées de fleurs qu'on n'a pas semées. Le pontonage est un octroi que prélèvent ceux qui ont fait construire à leurs frais des ponts. Tout dociles que vous supposiez les enfants ils deviendront incapables d'une instruction réelle, si vous accoutumez leur intelligence à se payer de mots. St Louis est un des plus grands guerriers dont la France ait à se glorifier, et un des meilleurs rois qu'elle ait eus. Charlotte Corday poignarda Marat pendant qu'il était dans son bain. Les hommes passent comme les fleurs qui s'épanouissent le matin, et qui le soir sont flétries et foulées aux pieds.

18e EXERCICE.

RÉCAPITULATION.

SUR LES DIFFÉRENTES SORTES DE PROPOSITIONS.

Une loi dans l'antique Sparte, voulait que les jeunes gens se levassent à l'approche d'un vieillard, qu'ils se tussent et qu'ils lui cédassent le pas. Charles V, roi de France, disait à un de ses amis: savez-vous pourquoi je suis heureux? C'est parceque j'ai le pouvoir de faire du bien. Ah! secourez-nous, ô mon Dieu! Quoi! il vous évite, lui que vous avez tiré de la misère! Quelle injustice que de faire périr cet innocent! Etes-vous le meurtrier de cet homme? non je ne le suis pas. L'eau de la mer est tellement salée qu'il est impossible d'en boire. Un grand nombre de personnes émigrent en Californie parce qu'elles espèrent y trouver de l'or. Puissè-je vous contempler un jour, ô ma patrie! A dieu, chères amies, quand pourrai-je vous embrasser. Les terres d'Egypte demeureraient stériles si elles n'étaient pas fécondées par les inondations périodiques du Nil Le renard invita le corbeau à chanter afin que celui-ci laissât tomber son fromage. L'avare amasse péniblement et au prix de mille privations des richesses qu'il cache à tous les yeux dès qu'il les possède, et dont il ne jouira jamais. Le Colisée est construit en pierre tiburtine, dont la dureté et la beauté approchent de celles du marbre. Cicéron avait une table qui lui coutait vingt-cinq mille francs. Après sept ans de guerres continuelles, les Romains étaient parvenus à l'Empire du monde.

4.

PONCTUATION

17e EXERCICE. (No 219, 1 et 2 Paragraphes.)

Le cuivre les ardoises le marbre le chêne à noix de galles l'arbousier l'agaric et le lin sont les productions les plus remarquables du Béarn Les animaux domestiques les plus utiles de la Haute Egypte sont les bœufs les buffles les chameaux les chèvres les moutons les pigeons et les poulets La Grande Ourse la petite Ourse Cassiopée Pégase le Dragon le Cocher le Linx le petit Lion sont au nombre des constellations Les principaux défauts de l'amplification sont la stérilité la futilité la timidité et la surabondance. etc. etc.

18e EXERCICE. (Gram. 219, paragraphes 3 et 4.)

La futilité attache de l'importance à des minuties amplifie des bagatelles et fait valoir des riens Une foule compacte remplissait les rues vociférait d'atroces menaces et commençait à se porter à des voies de fait Vous pleurez trépignez et vous emportez pour des riens Les Phocéens fugitifs s'embarquent sur leurs vaissaux abordent les rives de Provence s'y établissent et fondent la ville de Marseille Une nuée de traits partit des rangs ennemis obscurcit le soleil plana quelques instants dans l'air s'abbattit sur notre armée et en couvrit tous les combattants Aimez vous les soucis les camelias les renoncules les roses et les lys j'en ai des plantes des graines ou des oignons qui pourraient vous convenir. Vous avez devant vous les faux plaisirs du monde avec l'enfer qui les termine la voie moins riante de la croix mais le ciel pour récompense hésiteriez vous un instant Avez vous entendu parler des jardins zoologiques on y voit des éléphants des lions des ours des singes des gazelles des oiseaux de proie des animaux de toute sorte.

19e EXERCICE. (Nos 219 paragraphes 5 et 6.)

Les coffres forts doivent être solidement construits dans la crainte des voleurs. J'ai acheté quantité d'œufs de carpes pour peupler le bassin de ma campagne Viendrez vous demain avec votre amie à la campagne où je vous attends sur le bord de la rivière à trois kilomètres de votre château ?

Soyez béni vous qui avez donné à vos maitresses tant de marques de respects à vos compagnes tant de témoignages d'affection chrétienne à vos pauvres tant de secours et qui laissez en partant de sincères regrets de bon souvenirs et de beaux exemples.

Dieu a donné à chacun ce que lui convient à l'un la force et le courage à l'autre l'intelligence et la souplesse à celui-ci l'adresse pour tout ce qu'il entreprend à celui-là la fermeté pour résister à tous les obstacles.

Ce petits sac a été brodé par plusieurs personnes qui qui ont voulu s'associer pour me faire plaisir par ma tante par ma maraine par ma cousine Louise par ma cousine Aglaë par ma bonne maman et même par la petite Cécilia qui y a mis trois points de sa façon.

20⁰ EXERCICE. (Gram. n⁰ **219**, paragraphes **7** et **8**.

Si je rie vous pleurez si je pleure vous riez si je chante vous soupirez si je soupire vous chantez cela est très mal ma chère le bon Dieu ne bénira pas vos intentions.

Que dites vous mon enfant de ce merveilleux phénomène au lever du soleil tout s'émeut les plantes secouent leurs feuilles humides l'herbe des champs distille une douce vapeur les fleurs exhalent leur encens les insectes s'apprettent à leur butin les oiseaux forment des concerts délicieux Oh maman alors je me dis que le bon Dieu est grand qu'il est bon qu'il est beau puisque ses créatures sont si grandes si bonnes si belles Oh mon Dieu que j'aperçoive votre grandeur que je jouisse de votre bonté que je voie toujours votre beauté dans le ciel avec les saints qui en sont heureux pour l'éternité.

Pardonnez moi madame si j'ai négligé mes devoirs si j'ai scandalisé mes compagnes par mon entêtement si je vous ai affligée par ma résistance désormais je travaillerai avec ardeur je suivrai les bons exemples je vous donnerai autant de satisfactions que je vous ai donné de peines.

21e EXERCICE. (Gram. no 219, paragraphes 9 et 10.

Une seule parmi celles qui auront le mieux travaillé aura le prix et ce sera celle qui aura excellé Les passions qui sont les maladies de l'ame viennent de notre révolte contre la raison C'est Julie qui est la plus espiégle de toutes Mélanie qui se tient à ses devoirs aura plus de succés que ses compagnes L'animal que l'on nomme lion l'emporte de beaucoup en force et en courage sur les autres habitants des déserts L'aumône d'un verre d'eau faite à un pauvre au nom de Notre-Seigneur aura sa récompense dans le ciel Mademoiselle qui a négligé ses devoirs désobéi a ses maîtresses et maltraîté ses compagnes mérite punition Le spectacle le plus émouvant le plus terrible même le plus beau de la création est l'éruption d'un volcan Le carillon de toutes ces cloches en désaccord déchire nos oreilles.

22e EXERCICE. (Gram. no 219, paragraphe 11 et 12.

La simple vie des champs c'est ce que je souhaite La philosophie nourrit l'intelligence et la littérature le goût Louise aime les petits pâtés et moi les andouillettes Quoi ces faux plaisirs du monde après avoir goûté les douceurs de la vertu vous les aimeriez encore !

Quoiqu'elle s'efforce de l'avilir l'envie sent le prix du mérite Soit défiance soit fausseté jamais le chat ne regarde en face la personne aimée Honorine me donne des fruits maman une poupée Justine des dragées et ma sœur un petit livre Adélaïde est plus posée que moi Eulalie plus studieuse Mélanie plus obéissante Euphrosine plus habile Amélie plus pieuse toutes valent mieux et l'emportent sur moi C'est dans un endroit délicieux à ma campagne que je veux vous conduire toutes.

23e EXERCICE (Gram. n° 219, paragraphes 13 et 14.)

Vous parlez à tort et à travers et de ce que vous savez et de ce que vous ne savez pas. Vous aimez les louanges et la flatterie ne savez vous pas que comme chrétienne vous devez préférer les outrages et les humiliations. J'ai vu j'en suis encore toute émue une pierre se détacher d'une maison et tomber dans la rue personne par bonheur ne se trouvait auprès. Je vous ai vu dévorer en cachette de la confiture de groseilles et de la gelée de coings qui cependant j'en suis sure n'étaient pas à vous mais je crois à votre petite voisine et je me le rappelle parfaitement vous l'avez même battue à cette occasion.

Tout fut détruit par la grêle et les fleurs et les fruits les feuilles même et les branches jonchaient la terre. Ou ma sœur ou ma cousine ou moi aurons le prix. Vous n'êtes ni propre à accompagner sur le piano ni habile à déchiffrer les notes ni juste dans votre voix et vous voulez faire partie de notre chœur nous ne pouvons quoiqu'à regret vous accepter car ou vous détourneriez ou vous vous brouilleriez ou vous nous laisseriez sans accompagnement allez donc un peu mieux étudier votre solfège et votre méthode de piano.

24e EXERCICE. (Gram. n° 220, paragraphes 1 et 2.)

Je descendis dans le vallon à mes côtés s'élevaient deux collines l'une abrupte était couronnée de rochers menaçants l'autre couverte de pins ne laissait apercevoir que de la verdure à mes pieds serpentait un ruisseau interrompu par des rochers qu'il franchissait en formant de jolies petites cascades devant moi toujours les sinusiotés du vallon derrière moi l'aspect des ruines dorées d'un ancien monastère le tout fortement éclairé de ce chaud soleil de Provence tel fut le spectacle qui m'attendait dans le fond du vallon J'aime le caractère de celle qui ne s'occupe que de la prière lorsqu'elle est dans l'église qui ne se fait jamais répéter les commandements qui ne ferait jamais du tort à ses compagnes qui en souffre sans se plaindre les petites tribulations dont elles sont si peu avares et qui est heureuse de tout le bonheur des autres Qui remportera le prix si ce n'est celle qui aura combattu qui ne se sera point découragée avant l'heure et qui aura surpassé ses compagnes.

25ᵉ EXERCICE. (Gram. nᵒ 220, paragraphes 3-4 et 8.)

J'ai vu de belles choses dans mes voyages : à Beauvais le chœur svelte et élancé de la cathédrale à Amiens la nef de sa basilique si élégante découpée comme une dentelle touchant à peine à la terre à Chartres les trois mille statues de son église et sa flèche sculptée avec un art infini et qui se perd à plus de cent vingt mètres du sol à Reims le magique portail de sa métropole avec une riche imagerie de pierre ajouré d'une rose admirable et flanqué de deux tours malheureusement découronnées en réunissant ces diverses beautés on aurait le type le plus parfait de la belle architecture de nos pères La langue latine est plus riche et plus harmonieuse que la langue française mais celle ci a plus de netteté et convient mieux à l'époque où nous vivons C'est vous qui méritez le moins l'attention et l'estime oui vous je le répète qui oubliez si souvent vos devoirs et semblez n'avoir à cœur que de contrarier tout le monde.

26ᵉ EXERCICE. (Gram. nᵒ 221.)

Vous n'avez rien voulu donner à ce pauvre allez et donnez lui maintenant car il n'est jamais tard pour faire le bien Vous vous étonnez peut être que je ne vous aie rien dit encore sachez que je vous observais en silence et que j'ai fait mon profit de tout ce que j'ai vu Dames mites disaient à leurs petits enfants il fut un temps où la terre était ronde Voici ce que j'exige de vous piété obéissance et travail sans ces choses vous ne sauriez être heureuses ici Notre Seigneur a dit Mon royaume n'est pas de ce monde Souvenez vous de cet adage aide-toi le ciel t'aidera Heureux qui peut se dire je n'ai point d'ennemis Tout me plait dans votre travail la finesse des remarques la justesse des pensées le choix des exemples Les lions ne font point la guerre aux lions ni les tigres aux tigres ils n'attaquent que les animaux d'espèce différente l'homme seul malgré sa raison fait ce que les animaux sans raison ne firent jamais.

27ᵉ EXERCICE. (Gram. nᵒˢ 222-223.)

Puisque je doute je pense puisque je pense j'existe Se maintenir sage dans la prospérité c'est savoir marcher sur la glace On ne flatte guère ceux dont on peut se passer Les enfants doivent à leurs parents vénération amour et assistance mais leurs parents leur doivent à leur tour le pain du corps et de l'esprit Ne craignez pas de multiplier vos bienfaits mais ne les reprochez jamais de peur d'en perdre le fruit Après quelque temps d'épreuve vous arriverez au terme de vos travaux et vous jouirez enfin d'une félicité éternelle Le chemin de la vertu quelque pénible qu'il puisse paraître est le seul qui conduise au bonheur celui du vice au contraire quelque agréable qu'il soit à l'entrée aboutit infailliblement à l'infortune et à la misère en ce monde et à l'enfer en l'autre Dieu a fait le soleil le vent la pluie la plante l'abeille qui tire le miel des fleurs la vache qui change les herbe sen lait et l'homme qui jouit de tous ces bienfaits souvent sans reconnaissance Il n'y a rien jusqu'à la vérité même à laquelle un peu d'agrément ne soit nécessaire. On doit oublier les offenses jamais les bienfaits Etre envieux de quelqu'un c'est s'avouer son inférieur L'industrie des singes dans l'état de liberté présente des tableaux à la fois curieux et singuliers Lorsqu'ils veulent piller un verger un jardin une vigne leur chef dirige l'entreprise des sentinelles sont posées l'armée se met en marche dans le plus profond silence arrivée au lieu de l'expédition la moitié de la troupe s'introduit dans l'enclos l'autre forme une ligne qui se prolonge depuis le lieu du pillage jusqu'à l'entrée d'une forêt Ceux qui sont dans ce jardin cueillent les fruits les jettent à leurs voisins qui les saisissent adroitement et

les lancent de proche en proche sans se donner un instant de repos au moindre bruit les sentinelles poussent
un cri aussitôt les subtils larrons se mettent à fuir sans
oublier leur butin qu'ils tiennent dans l'une de leurs
pattes tandis qu'ils courent lestement sur les trois
autres.

28e EXERCICE. (Grammaire nos 224-225-226.)

Quel bras vous suspendit innombrables étoiles Tu n'as
point d'ailes et tu veux voler rampe A tous les cœurs
bien nés que la patrie est chère Eh qui n'a pas pleuré
quelque perte cruelle Insensé ou vas-tu demeure quoi
tu ne vois pas l'abîme béant devant toi Malheureux
n'avez-vous point osé désobéir à votre maître je devrais
mais enfin passe pour cette fois si jamais il suffit son-
ge à m'obéir quel plaisir de penser et de dire en vous
même j'ai dans les cieux un trône qui m'attend Je t'ai
donné de mes confitures et toi tu ne m'en donnes point
ingrate Quelle différence ne trouvez-vous pas entre
ces deux enfants l'un est espiègle et l'autre tranquille
celui-ci fainéant et l'autre studieux aussi n'ai-je pas
besoin de vous dire quel est le plus heureux Qu'eus-
siez-vous dit madame si comme moi vous aviez été
témoin de cette action accomplie avec tant d'audace
qu'on voyait bien une main accoutumée aux forfaits
pensez vous que vous seriez resté muettes croyez vous
que votre cœur eût contenu en lui même ses sentiments
d'horreur Combien d'enfants s'appuyant sur l'impunité
s'enhardissent au point de fouler aux pieds tous leurs
devoirs Que le Seigneur est bon que son joug est
aimable heureux qui dès l'enfance en connaît la douceur !

29e EXERCICE. (Grammaire n s 227 et 228.)

Avez-vous étudié votre géographie Je n'ai pas
eu le tems encore ce matin Savez-vous votre histoire je ne la sais pas votre Grammaire un peu votre
calcul presque pas et que savez vous donc je sais lire
et écrire parce que je suis encore bien jeune et lorsque

vous aurez grandi Oh alors je saurai tout cela et bien d'autres choses encore Voici le titre de quelques ouvrages qui composent la bibliothèque de mon papa traité de la chasse au chien d'arrêt traité de la pêche à l'épervier traité du jardinier fleuriste traité de la cuisinière bourgeoise traité de la destruction des taupes et des rats traité de physique amusante voilà sa bibliothèque avec quelques livres de piété et d'histoire Turenne refusa la marchandise qu'on lui offrait à crédit je craindrais disait-il au marchand que si je venais à mourir tu n'en perdisses une partie Quoi vous mourez innocent disait un des disciples de Socrate a ce philosophe Vous voudriez donc répondit Socrate que je mourusse coupable.

30e EXERCICE. (Récapitulation sur la ponctuation.)

Marie Antoinette reine de France montant à l'échafaud pose par mégarde son pied sur celui du bourreau et dans ce moment terrible qui permettait d'oublier bien des convenances elle a l'inconcevable sang froid de lui en faire des excuses Je vous demande bien pardon lui dit-elle avec douceur et politesse Ici se manifeste la force des bonnes habitudes contractées dans la jeunesse Le phénomène de l'arc-en-ciel est dû à la décomposition des rayons du soleil traversant les gouttes d'eau qui se précipitent dans l'air pendant qu'il pleut aussi ne voit-on jamais d'arc-en-ciel sans pluie et lorsqu'on en regarde on tourne toujours le dos au soleil On fait des arcs-en-ciel en jetant de l'eau en l'air avec une pompe quand il fait grand soleil On en voit aussi près des jets d'eau et des cascades mais il faut se placer convenablement pour les apercevoir L'arc-en-ciel est quelquefois double et dans ce cas c'est toujours l'arc intérieur qui est le plus vivement coloré On y distingue les sept couleurs primitives savoir violet indigo bleu vert jaune orangé rouge Un matin je guettais une araignée qui se tenait à l'affût au milieu de son nid une mouche vint se jeter étourdiment tout au travers de ses filets aussitôt notre chasseur s'élance sur elle l'enveloppe d'une multitude de cables la lie la garotte et se préparait à l'entraîner dans son repaire lorsque je vis tout à coup une guêpe énorme fondre du haut des airs attaquer le brigand plein d'épouvante et lui faire lâcher prise. En vain il voulut fuir son ennemi lui ôta tout moyen de salut il s'en saisit l'enleva rapidement du milieu de sa toile et se perdit bientôt dans l'espace avec lui je regrettais beaucoup de ne pouvoir suivre le ravisseur jusqu'à son nid pour voir le sort qu'il réservait à ma pauvre araignée Cependant la mouche étourdie à qui la Providence venait d'envoyer un secours aussi inespéré était restée immobile sur l'arène je m'empressai de la débarrasser de ses liens mais soit qu'elle eut été blessée par son ennemi soit qu'elle fut encore dans un état de stupeur elle ne profita point de suite de sa liberté et je la vis plus d'un quart d'heure se traîner péniblement sans pouvoir faire usage de ses ailes.

51e EXERCICE. (Grammaire nos 256-232.)

Quels ou quelles délices peut-on comparer à ceux ou celles que cause une bonne action? Cher ou chère enfant, disait une mère à sa fille; sans toi il n'est pas de bonheur pour moi. Le ou la foudre sillonne les airs et frappe les arbres les plus élevés. Turenne, cette ou ce brillant ou brillante foudre de guerre, ne connaissait plus d'ennemis dès qu'ils étaient vaincus. Les anciens ou anciennes hymnes de l'Eglise ont le mérite de la simplicité, les plus beaux ou les plus belles hymnes composés ou composées en l'honneur des divinités du paganisme sont ceux ou celles de Pindare et d'Horace. Il lançait çà et là des regards terribles comme des foudres vengeurs ou vengeresses. Jamais aux larmes d'un ou d'une enfant je n'ai su résister. La race de l'aigle commun ou commune est moins noble que celle du grand ou de la grande aigle plusieurs aigles furent pris ou prises par les Germains après la défaite de Varus. Quand on sait bien les quatre régles, on est un ou une aigle en finances.

On dit l'aigle français ou française pour les drapeaux des régiments français, parce qu'au haut de ces drapeaux est la figure d'un ou d'une aigle. Il y a un ou une orgue magnifique à Saint-Denis. Faisons nos seuls ou seules amours de la justice et de la vérité. Peu de gens savent être vieux ou vieilles. Les gens heureux ou heureuses ne se corrigent guère. Il faut savoir s'accommoder de tous ou toutes gens. L'homme sensible en voyage est tenté de s'arrêter chez les premiers ou premières honnêtes gens qu'il trouve. Toutes ou tous les gens gaies ou gais ont le don de mettre en train tous ou toutes les gens sérieux ou sérieuses. La contemplation est le ou les délices d'un esprit élevé. Quelles ou quels méchantes ou méchants gens. Ce sont les meilleurs ou meilleures gens que j'aie vues ou vus. La cathédrale de Rheims est un grand ou une grande œuvre. Votre aide est petit ou petite. Un ou une trompette à cheval suivait le général et transmettait ses ordres en sonnant du ou de la trompette. Cette maladie est parvenue au plus haut ou à la plus haute période. Dans votre narration il y a bien des périodes mal cadencés ou cadencées. Le ou la pendule qui marque les heures dans votre cabinet est ainsi appelé ou appelée du ou de la pendule qui en règle le mouvement.

32º EXERCICE. (Grammaire nºˢ 263-294.)

Donnez-moi des David et des Pharaon amis des peuples de Dieu et ils pourront avoir des Nathan et des Joseph. Au siècle de Louis XIV écrivaient les la Fontaine, les Racine, les Boileau. Lorsque Auguste eut conquis l'Egypte, il apporta à Rome le trésor des Ptolémée. Il se glorifie de la noblesse de ses aïeux ou aïeuls. Elle est beaucoup moins occupée de ses aïeuls ou aïeux maternels. Ce peintre fait bien les cieux ou les ciels.

On a fait des yeux de bœufs à toutes les maisons de la grande rue. — Ce peintre réussit admirablement dans les cieux de ces tableaux. — Mes deux ayeux sont venus me voir à la pension ; ils avaient encore les œils

rouges des larmes que leur a fait verser la mort de ma
mère. — Tu te glorifies mal à propos des belles actions
de tes ayeuls. — Tous ceux qui ont écrit l'Histoire
n'étaient ni des Tacites ni des Hérodotes. — L'Espagne s'enorgueillit d'avoir produit les deux Sénèques.
— On a vu peu d'Auguste, de Scipion, de Richelieu, de Condé, vivre familièrement avec les hommes
de génie, à l'exemple des Auguste, des Scipion, des
Richelieu et des Condé. — Les vertus pouvaient-elles
fleurir sous les Néron, les Caligula, et les Domitien ?
— Qui n'a admiré le zèle des François Xavier, des
Vincent de Paul, des Paulins, des Jean de Matha, qui
ont traversé les mers, affronté mille périls et la mort
même, pour gagner des ames à Dieu. — Si Rome se
glorifie d'avoir donné le jour à Cicéron, aux Virgiles, aux Tacites, aux Tites Lives, la France peut citer
aussi les Molières, les Boileaux, les Corneilles. — Si
nous en croyons les historiens espagnols qui ont parlé
des peuples qui habitaient l'Amérique avant sa découverte, ils avaient eus aussi leurs Alexandre et leurs Cé-
sar. — Les Pauls et les Antoines ont fleuri dans l'E-
gypte. — On a toujours admiré la foi des Gédéon, des Ba-
ruc, des Samsons, des Jephtés, des Davids, des Samuels
et des autres prophètes. — Nous avons bordé trois cieux
de lit magnifiques. — Dieu règne au dessus des cieux.
L'Italie est sous l'un des plus beaux cieux de l'Europe.

33e EXERCICE. (Gram. nos 263-270.)

Des abat-jour, des appui-mains, des blanc-seing,
des coupe-gorge, des couvre-feu, de grippe-sou, des
passe-droit, des passe-port, des serre-tête, des tête-à-
tête, des terre-plein, des tire-lire, des chefs-d'œuvre,
des crève-cœur, des plain-chant, des passe-partout,
des gâte-métier, des avant-coureur, des avant-cour,
des avant-quart. des bec-de-cane, des tire-lignes, des
pieds-de-biche, des après-midi, des arc-en-ciel, des coq-
à-l'âne, des arrière-boutique, des arrière-neveu,
des basse-taille, des brise-tout, des pot-pourri, des
bout-rimé, des eau-de-vie, des vol-au-vent des crin-crin,

des dents de loup, des garde malade, des garde bouti
que, des vice-roi, des porte-crayon. — La France a été
divisée en quatre-vingt-dix départemens qui ont été
subdivisés en arrondissemens ; les villes où résident
les sous-préfets se nomment chef-lieu d'arrondisse-
ments. Les rez-de-chaussée sont ordinairement mal
sains. Vos belles-sœurs sont arrivées ce matin avec vos
beau-frère. Les vol-au-vents ne sont plus si légers
qu'autrefois. Les garde-vues garantissent les yeux
d'une lumière trop vive. Il y a des gardes-malade dont
les soins sont précieux. L'usage des bain-maries date
de la plus haute antiquité. Ces calculs sont de véritables
casse-têtes. Aux environs des grandes villes il y a
beaucoup de pieds-à-terre. Les portes-drapeaux sont
exposés. Les rouge-gorges ne peuvent souffrir d'autres
oiseaux de la même espèce. Les voyageurs prudents
se munissent toujours de passes-port. Les contres-
coups sont dangereux. Il ne faut pas s'arrêter à la
plupart des ouï-dires. Les peintres ne pourraient travailler sans leurs appui-main. Les martin-pêcheur sont
fort communs dans les provinces de France. Il y a dans
les forêts un grand nombre de gardes-chasses. Le bec-
figue n'est pas aussi beau qu'il est bon. Nous n'attri-
buons aucun des chef-d'œuvre de l'homme au hasard :
pourrions nous croire que lui même en serait l'enfant.
Allez dans la prairie, et vous pourrez admirer mille
arc-en-ciel peints sur chaque goutte de rosée. Ceux qui
tombent au milieu des tête-à-tête ennuyeux sont très
bien reçus. Les gens distraits sont exposés à faire de
nombreux coq-à-l'âne. Les ver-à-soie sont si communs
au Tonquin que les plus pauvres y sont vêtus de soie.
Les chat-huant et les chauve-souris sont de vilains
oiseaux. Les arrière-garde sont toujours fort exposées
quand les armées battent en retraite.

34e EXERCICE. (Grammaire nos 271-274.)

L'espérance donne de ou des meilleurs conseils que
la crainte. La France a produit de ou des grands hommes dans tous les genres. On juge qu'on est capable

de ou des grandes choses par l'intention qu'on apporte aux petites. Nous avons à la campagne des excellents légumes et de la très-bonne viande. Tracez sur ces lambris des vastes et délicieux jardins. Je veux de petit-lait, du bon potage. Vous excellez à dire des bons mots. Ne donne pas à ton amie les conseils le plus agréables, mais les plus avantageux. La grandeur d'âme donne la mieux l'idée de sa noblesse et de sa dignité. Les trois choses les plus rares dans le monde sont : la délicatesse, le goût et le jugement. Ce sont toujours les gens qui ont le plus besoin d'indulgence qui en ont le moins pour les autres. Je ne connais rien d'ennuyeux comme de petites-maîtresses. Je ne vous ferai point de reproches frivoles. C'est la demoiselle du monde la plus heureuse. Les bois des iles sont le plus durs. La personne que j'ai le plus aimée, est celle qui travaillait la mieux. Ma maraine-me fit cadeau pour ma fête d'une belle chaîne en or fin.

35e EXERCICE. (Gram. nos 275-280.)

On voit beaucoup d'horloges qui sonnent les *quart* et les *demi*. — Ceux qui, après avoir vaincu les ennemis, ne savent pas vraincre leurs passions, ne sont que des *demi* héros. — Les *demi savant* sont nuisibles dans la républiques des lettres. — Nous sommes arrivés à deux heures et *demi*, après une *demi* heure de marche. — J'ai employé une *demi* journée à écrire. — On nous a apporté trois quintaux et *demi* de poires avec trente livres et *demi* de sucre. Voilà une *demi* douzaine de chemises que vous placerez dans votre armoire. — Si nos soldats avaient su marcher *nupied*, la ville n'aurait point été prise. — Les enfants se plaisent à courir les *pied nu*, c'est une mauvaise habitude. — Autrefois il fallait que les esclaves allassent *tête nu* pour marque de servitude, et maintenant ils sont encore obligés d'aller *pied nu*. — Elles ont assisté à la procession *nu pied* et *nu tête*.

C'est en vain qu'on met la véritable gloire dans la réputation et la probité *mondaine*. Le soupçon qui se répandit dans le camp y excita des plaintes et un mécontentement *général.*. Une servitude accablante demande un courage et une patience vraiment *héroïque.* Cette défaite diminua l'estime et l'affection *publique.* Socrate condamné à mort vit la plupart des spectateurs solliciter en sa faveur, mais il s'y opposa avec son courage et sa fermeté *ordinaire.* Nous avons trouvé une noblesse, une grandeur d'âme *étonnante* dans ce jeune homme. J'exposerai ici à vos yeux, les tristes images de la religion et de la patrie *éploré.* Cette princesse, née sur le trône, avait l'esprit et le cœur plus *haut* que sa naissance. Auguste gouverna Rome avec une modération, une douceur *admirable.* Louis XIV honora les lettres de cet attachement, de cette protection *capable* de les faire fleurir; aussi son règne fut-il le règne de la poésie et de la littérature *portée* au plus *hau* période. L'autruche a la tête comme le cou, *garni* de duvet.

36º EXERCICE. (Grammaire mêmes nᵒˢ 275-280.)

Les singes font des gestes et des grimaces extravagants. Les habitants d'un pays sauvage mangent leur poisson et leur viande cru. Les oiseaux construisent leurs nids avec un art, une industrie merveilleux. Vous avez montré un courage et une prudence supérieur à votre âge. La vraie modestie a un naturel et une bonhomie inimitable. Votre papa est d'une bonté, d'une affabilité charmant. C'est au mérite et à la vertu seul que doivent être reservé les dignités et les honneurs. Dans la Laponie, la ronce, le genièvre et la mousse font seul la verdure de l'été. Dieu et sa seule volonté rendent toutes les choses agréable. La véritable gloire et le véritable intérèt sont connu de bien peu de gens. La flatterie et l'envie sont inséparable de la fortune. La raison et la vérité sont rarement brouillé ensemble. La nourriture, le repos et les divertissements sont également nécessaire. Cette horloge sonne les demie. Les centaures étaient des monstres demis-homme demis-chevaux. Il est bon d'accoutumer les enfants à courir tête nu. Les belles de jour ne durent qu'une demie journée. Les anciens allaient nu tête. La pendule marque cinq heures et demies. Saint Louis porta la couronne d'épines nus pieds et nue tête depuis le bois de Vincennes jusqu'à Paris. Partout dans le désert, la terre est nu, sèche et aride. Si les demie lumières éloignent de la religion les lumières complètes y ramènent. Cette pendule n'a pas sonné la demie parce qu'elle ne sonne pas les demi. J'ai ouï dire à feue ma sœur que Cécilia et moi naquîmes la même année. Votre feue tante et feue ma mère étaient liés d'une ancienne amitié.

37ᵉ EXERCICE. (Gram. nᵒˢ 281-284.)

Cette ville est à quatre-vingt kilomètres de telle autre. L'an quatre mil quatre du monde Jésus-Christ naquit. Jacob vécut cents quarante-sept ans, Joseph cents dix ans. L'homme ne vit guère au-delà de quatre-vingt ans. Charlemagne fut sacré empereur en l'an huit cents ; il mourut en huit cents quatorze. La boussole fut connue en France vers l'an douze cents. Les mils d'Angleterre sont un peu plus long que les mille d'Italie. Le cœur dans milles occasions redresse les torts de l'esprit. Ce fut Xénophon qui commanda les Grecs dans la retraite des dix milles. L'armée de Sésostris était composée de six cents milles hommes de pied de vingts-quatre mille chevaux et de vingt-sept mil quatre cents chars. Aucun de ceux qui existent aujourd'hui ne verra naître l'an deux mils. En Angleterre, on fait ordinairement trente mille à l'heure par les chemins de fer.

58ᵉ EXERCICE. (Gram. nᵒˢ 285-290.

Nos maîtresses corrigeront elles-*même* les devoirs. J'ai lu les *même* livres que vous. Les richesses ne rendent point l'homme heureux : ceux-*même* qui les possèdent ne sont point satisfaits. Le traître tourna contre sa patrie, les armes *même* qu'il avait juré de ne faire servir qu'à sa défense. Nous arrivâmes dans une île *inconnu* à ceux-là *même* qui l'habitent. Mes chères amies.

je vous regarde comme d'autres *moi-même* : nous avons les *même* goûts, les *même* penchans, nous goûtons les *même* plaisirs. Les bienfaits *même* veulent être assaisonnés de manières gracieuses. Les grands, les petits, les savants, les ignorants *même* aiment la musique. C'est dans les écrits, *même* des ennemis de la religion , que nous trouvons les plus pompeux éloges de la religion. Les Egyptiens adoraient les astres , les animaux , les plantes *même*. Les pauvres , les riches , les rois *même* sont sujets à la mort. Les Romains n'ont pu vaincre les Grecs que par les Grecs *même*. Comment un autre pourrait-il garder notre secret , quand nous ne pouvons le garder nous *même* ?

58º EXERCICE. (Gram. nos 285-290.)

Nous aimons également *tou* nos élèves, parce qu'elles nous paraissent *tou aimable*. Faites *tou* vos efforts, employez *tou* votre pouvoir, *tou* votre crédit pour réussir dans l'affaire de votre salut. Employons *tou* nos talens, *tou* nos richesses, *tou* notre science pour faire bénir le Seigneur. L'âme demeure *tou* étonnée, *tou* stupéfaite à la vue des grandes scènes de la nature. Ces enfants sont *tou* feu, *tou* esprit, nulle difficulté ne les arrête. Cette femme était *tou* yeux et *tou* oreille. Elle a les mains *tou* écorchées, *tou* emportée. On vit ces malheureux *tou* tremblants de frayeur, *tou* transis de froid , demander avec instance un asile pour la nuit. Nos vaisseaux sont *tou* prêts et le vent nous appelle. *Tou* méchans que nous sommes, nous voulons cependant être aimés. Les bons, *tou* fermes qu'ils sont dans la vertu , doivent éviter le commerce des méchants, si bientôt il ne veulent devenir *tou* aussi méchants qu'eux. Cette femme méritait une *tou* autre fortune ; *tou* autre place qu'un trône était indigne d'elle. Nos élèves sont *tou* zèle, *tou* application, *tou* attention, quand il s'agit de s'instruire. Cette bonne mère est *tou* douceur, *tou* patience, *tou* empressement, *tou* intelligence, *tou* industrie pour soulager son enfant malade. Elle est *tou* en sueur. Mes fleurs sont *tou* aussi belles que les vôtres. Ces enfants sont *tou* aussi grossiers que s'ils n'avaient reçu aucune éducation. La Grèce, *tou* sage et *tou* éclairée qu'elle était, ne connaissait pas le vrai Dieu. Adèle marche *tou* de travers.

Il se soumet lui-même aux caprices d'autrui,
Et ses écrits *tou* seuls doivent parler pour lui.
C'est là ce qui fait peur aux esprits de ce temps.
Qui, *tou* blancs au dehors, sont *tou* noirs au dedans.

La liberté d'écrire a des bornes, comme *tou* autre espèce de liberté. Si nous avions été *tou* aussi imprudents que vous, on nous aurait *tou* blâmés. *Tou* raisonnables que paraissent vos amies, elles n'ont cependant pas voulu entendre raison. Ces dames sont *tou* à Dieu, *tou* à leur devoir. Ta sœur t'embrasse et se dit *tou* à toi. Evitons avec soin *tou* péché, *tou* faute volontaire, et combattons *tou* les penchans, *tou* les inclinations qui nous portent au mal.

40ᵉ EXERCICE. (Gram. mêmes nᵒˢ 285-290.)

Quel peines, *quels* chagrin ne vous seriez-vous pas épargnés, si vous aviez suivi nos conseils ! *Tel* nous aurons vécu, *tel* nous mourrons. *Tremper* ses mains dans le sang innocent, *quel* cruauté, *quel* barbarie.
Quel feu, *quel* naïveté on remarque dans certains auteurs ! *quel* source de la bonne plaisanterie, *quel* imitations des mœurs, *quel* images et *quel* fléau du ridicule. Je vous parlerai dans *quelque* jours. *Tel* vous aurez été dans l'enfance, *tel* vous serez dans la vieillesse. *Quelque* progrès que vous ayez faits, *quelque* distinctions que vous ayez obtenues, n'oubliez jamais que la modestie embellit le mérite. *Quelque* grands biens que vous possédiez, la mort vous en dépouillera *quelque* jour. Les rois, *quelque* puissants qu'ils soient, sont sujets à la mort. Les peines de cette vie, *quelqu'elles* soient, ne sont point en rapport avec la félicité de l'autre. *Quelque* science et *quelque* talens que vous ayez, mes amis, vous ne devez jamais vous glorifier en vous-même. Les pauvres filles, à cette nouvelle, demeurèrent *tou* in-

terdites et *tou* honteuses. *Quel que* soient les humains, il faut vivre avec eux. *Quelque* richesses que vous ayez amassées, vous n'emportez au tombeau qu'un linceul et *quelque* planches. Votre absence, *quelque* profonds regrets qu'elle me cause, a été pour moi un bienfait de la Providence. *Quelque* perverses que soient les inclinations du cœur humain, avec du courage on peut les changer. Adam, lorsqu'il mourut, avait *quelque* neuf cent trente ans. Il n'y a que *quelque deux cent* ans que ce palais a été bâti. *Quelque* fussent vos vues, vous n'en êtes pas moins regardé comme coupable. *Quelque* soit le mérite, *quelque soit* les talens, *quelque* soient les vertus apparentes d'un homme, ne vous hâtez point de lui donner votre confiance. *Tel* vous êtes, mesdames, *tel* vous pensez que les autres sont. Ne jugez jamais personne, parceque *tel* vous croyez méchants qui sont bons, et *tel* vous croyez bons qui peuvent être méchants. Vous devriez savoir de *quel* importance il est pour vous de remplir exactement vos devoirs. *Tou* les hommes, *quel* qu'ils soient, sont égaux devant Dieu. *Quelque* soient ses penchans, le sage les surmonte. *Quelqu'*attention, *quelqu'*assiduité, *quelqu'*application que j'apporte à mes devoirs, ils sont toujours imparfaits. *Quelqu'*empressée que j'ai pu être, j'ai encore été prévenue. Vous devez attribuer votre mal à *quelqu'*imprudence ou à *quelqu'*excès de travail qui vous aura échauffé le sang. Donnez vos avis à *quelqu'*autre qu'à lui.

41ᵉ EXERCICE. (Gram. mêmes nᵒˢ 285 230.)

Ce malheureux paysan tomba de cheval et se cassa sa jambe. Si l'enfant tombe de son haut, il ne se cassera pas sa jambe; s'il frappe avec un bâton il ne se cassera pas son bras. Nous ne nous fâchons pas si ont nous dit que nous avons mal à notre tête et nous nous fâchons de ce qu'on dit que nous raisonnons mal. Le bain a renforcé mes jambes et fortifié ma poitrine. Tout l'univers à ses yeux sur vous. Ayez toujours de bonnes et saintes paroles à votre bouche. Comment leur tête ne tournerait-elle pas aux grands ils se gâtent eux-même et sont gâtés par tout le monde. Dans la sécurité de sa conscience l'homme marche sa tête levée. Ceux qui ont dans leurs mains les lois pour gouverner les peuples doivent toujours se laisser gouverner eux-même par les lois. Le moyen le plus sûr d'être vrai dans ses images, c'est de voir ce qu'on veut peindre : on peint toujours plus fidèlement ce qu'on a sous ses yeux. Quand mes bras me manqueront, je vivrai si l'on me nourrit, je mourrai si l'on m'abandonne. Je suis quelquefois tout étonnée de pouvoir lever et abaisser mes yeux. Ma tête me fait toujours mal j'ai toujours la migraine. Baissez vos yeux vers la terre. C'est surtout lorsque l'homme est privé de sa liberté que l'industrie se présente à l'imagination pour le distraire dans les loisirs ou pour le consoler dans les peines. Les inventeurs en chacune science sont les plus dignes de louanges parce qu'ils ouvrent la carrière aux autres. Nous vîmes arriver aux deux bouts de la terrasse une multitude de chars attelés chaque de quatre chevaux. Nous avons reçu d'Alexandrie deux balles de de trois cents livres chacune. Chaque condition a ses dégoûts, et à chacun état sont attachées des amertumes. C'est un grand art que de savoir connaître les hommes et employer à propos le talent de chaque. Aucune funérailles ne furent plus magnifiques que celles d'Anne de Bretagne, femme de Louis 12. nulle troupes ne sont mieux exercées. Il ne gagne aucuns gages. On ne lui a rendu aucuns devoirs. Il n'y a nuls vices extérieurs et nuls défauts qui ne soient aperçus des enfants. Ces plumes me coutent quatre sous chaque. Nous ne saurions faire aucunes actions, dire aucunes paroles, concevoir aucunes pensées qui ne soient ou commandées ou défendues. Nuls de ces enfants ne s'appliquent, nuls ne seront récompensés. Il n'y aura dans le ciel nulles ténèbres nulles ignorance nous verrons clairs et nous saurons touts.

42ᵉ EXERCICE. (Gram. nᵒˢ 291-294.

Comment je ferais pour vivre, si je n'avais pas de bons parents qui prissent soin de moi ? Voyons que je ferai aujourd'hui ? Fais-je mal en disant la vérité ? Quand Dieu par plus d'effets montra il son pouvoir ? je l'aime et je l'estime. Je m'en souviens et je m'en souviendrai longtemps. Je ne murmure jamais, et obéis sans retard. Je plie et je ne romps pas. Tu aimeras tes ennemis, béniras ceux qui te maudissent, tu feras du bien à ceux qui te persécutent, et prieras pour ceux qui te calomnient. Vous n'êtes pas méchant et ne pouvez l'être. O homme tu ne peux te connaître, et veux connaître les secrets de Dieu. Moi, ma sœur et mon frère nous partirons. Que je ne puis t'exprimer ce que je sens si bien ? le bonheur d'être en paix avec Dieu. Les chaînes que la foi impose sont douces ; sont aisées à porter, et elles ne doivent paraître pesantes qu'aux esprits vains et légers. La véritable félicité ne sera point variable , mais éternelle ayant sa source dans la vue des splendeurs de Dieu qui est éternel. Vous n'avez point de protecteurs, et espérez réussir : quelle est votre erreur ! Cours-je ? rends-je ? mens-je ? romps-je ? suis-je ? repands-je ? interromps-je ? attends-je ? sens-je ? tiens-je ? viens-je.

45e EXERCICE. (Gram. nos **295-299**.)

Ils ont trahi moi. On a trompé toi. On n'a pu fléchir elle. Prenez la et mettez la en prison. Faites lui grâce et lui pardonnez. puisque Jean Lapin vous demande la vie, donnez lui la, de grâce. Les impulsions de ton bon ange viennent de Dieu abandonne-toi-zy si tu veux être heureux. Je pars pour Paris, accompagnez m'y et je serai satisfaite. Dans les dangers, souviens-toi de tes parents; confie t'y. Je me suis promené avec toi l'an passé, rappelle toi le. Comme elle t'a fait, fais lui-le si c'est bien, mais si c'est mal pardonne lui le. Ce séjour est l'asile du repos et du vrai bonheur réfugie t'y. Si votre amie vous demande une chose injuste refusez lui la. Mets toi-le dans l'esprit: qui fait mal trouve mal. Les péchés que nous avons commis, O Seigneur, pardonnez nous les, comme nous les pardonnons aux autres, Si vos amies commettent des fautes graves, reprochez leur les franchement. Refléchis avant d'agir; mais si tu crois avoir pris un bon parti, attache toi y avec ardeur et persévérance. Reste dans le jardin, et promène t'y un moment. Si tu sèmes le mal, tu récolteras le mal, attends t'y. Au milieu du salon il y avait une table je m'approchai d'elle. Je n'apercevais pas ta maman elle m'appela j'en eus peur. Ce chien est à craindre ne vous fiez pas à lui. Songer à ses défauts pour se corriger d'eux est un remède contre l'ennui. Les nombreuses corrections que nous avons faites à notre travail prouvent que nous nous sommes montrée docile aux avis que vous nous avez donnés et que nous nous sommes empressée de recourir à la grammaire pour résoudre les difficultés. Nous avons été obligé d'entrer dans mille détails fastidieux et peut-être vous ne nous aurez pas toujours suivi volontiers.

44e EXERCICE. (Gram. nos 304-307.

Les deux philosophes Héraclite et Démocrite étaient d'un caractère bien différent: celui-là riait toujours, celui-ci pleurait sans cesse. Il y a un air d'affectation dans Adèle qui gâte toutes ses politesses. La science à qui je m'applique compense amplement les petits ennuis que j'ai dû surmonter. Je suis du sang d'où sortit Turenne. Le tigre est peut-être le seul animal de qui on ne puisse fléchir le naturel. Il y a deux choses à qui il faut bien s'accoutumer : les injures du temps et les injustices des hommes. Le corps périt et l'âme est immortelle : cependant on néglige celle-là, et tous les soins sont pour celui-ci. La chose à qui l'avare pense le moins, est à secourir les pauvres. On trouve un très-grand nombre d'hommes dans tous les pays qui sont partisans de la paix. Il y a une foule d'usages dans ces provinces qui nous ont paru ridicules. Venez à mon secours, car il y a plusieurs pages dans vos cahiers qui sont illisibles. Ce qui intéresse, est le bonheur du ciel. Vous vous êtes aperçue qu'il y a une phrase à ma composition que m'a écrite Célestine. Il y a du plaisir à rencontrer les yeux de celui auquel on vient de donner;

mais plus encore à élever ses regards vers le Dieu lequel doit nous récompenser même du verre d'eau donné en son nom. Nous trouvons ainsi les choses dans qui les autres réussissent et lesquelles nous ne devons pas entreprendre. La maison d'où sortait le Tasse était une des plus illustres de l'Italie. Le péril dont je me suis échappé vous eut fait tourner la tête.

Le premier commandement de la religion est d'aimer Dieu. Après les bonnes leçons, ce qu'il y a de plus instructif, sont les ridicules. Faire éclater sa jalousie est mettre au jour la crainte qu'on à d'être effacé. Pardonner une offense est se mettre fort au dessus de son ennemi ; puisque c'est ressembler à notre divin maître qui pardonnait à ses bourreaux. Ce qui soutient l'homme c'est l'espérance. Le magistrat et l'officier sont également estimables; celui-ci fait la guerre aux ennemis du dedans , celui-là à ceux du dehors.

45e EXERCICE. (Gram. nos 308-311.)

L'on ne peut honorer la vertu sans se faire honneur à soi-même. L'on perd le cœur et l'estime des personnes sur qui on veut toujours l'emporter. L'on écoute trop souvent la calomnie , parce qu'on s'accoutume à la médisance. Si on n'ose s'affranchir des passions l'on ne goutera pas le bonheur éternel. L'on est le plus souvent amies, parce qu'on a les mêmes habitudes. On doit être prudentes entre amies pour n'avoir point de regrets si on devenait ennemies. On n'est pas une sotte, quoiqu'on soit élevée loin de Paris. Nous avons prononcé chacun selon sa conscience. Les diverses villes de Provence ont chacune son dialecte. Les comtes assemblèrent les troupes chacun dans leur camp. Toutes passèrent l'examen chacune avec leurs cahiers. Tout le monde se confiait l'un à l'autre cette nouvelle. L'amitié nous unit les unes aux autres. Il faut vous séparer l'une l'autre. L'une l'autre ne cherchent qu'à se nuire. On est fier quand on entend faire son éloge. Quand l'on est bon comme vous , ma chère , on est aimé de tout le monde. On pourraient mettre sur la

porte d'un cimetière cette inscription : Ici on est égal.
Les abeilles batissent chacune sa cellule. Les corps cé-
lestes s'attirent l'un et l'autre.

46e EXERCICE. (Gram. nos 312-322.)

La plupart des jeunes impies qui veut critiquer la
religion, n'en connaît pas même les premiers élémens.
C'est la justice et la charité qui doit nous engager à
aimer notre prochain comme nous-même. Ni Ferdinand,
ni Charles ne pourra arriver ce soir à cause du mauvais
temps. Beaucoup de gens voudrait aller au ciel, mais
peu en prend le chemin. L'enfant, ainsi que les jeunes
arbres, ont besoin de support. La prudence, la sagesse,
la bonté, la justice des rois peut seul faire le bonheur
des peuples. La valeur et l'intrépidité de ce général
étonnent les plus braves. La naissance, ainsi que la
mort, sont un mystère de la nature. Votre bonté, votre
aménité, votre douceur, sont connues de tout le monde.
Charlemagne et Louis XIV, les deux plus grands monar-
ques que la France ait eu, honorait les lettres : ni l'un
ni l'autre ne laissait les savans sans récompense. La vie
de l'homme, ainsi qu'une vapeur légère, ne durent
qu'un moment. L'homme le plus robuste, ainsi que le
plus faible, ne doivent point compter sur un moment
assuré d'existence; une goutte d'eau, une vapeur, un
rien suffisent pour la terminer. Une infinité de jeunes
gens se perd parce qu'ils lisent de mauvais livres. Ni
Jules, ni Albin ne sont mon parrain. Il n'y a rien que
la haine et la jalousie ne fassent dire contre ceux qui
en sont l'objet. La multitude des ignorants surpassent
le petit nombre de ceux qui sont instruits. La foule des
jeunes gens qui se précipitent dans le mal, entraîne
dans le précipice le petit nombre de ceux qui cherchait
à l'éviter. Ni votre tante, ni la mienne ne seront nom-
mées Supérieures du couvent Ni Catherine, ni Thérèse
ne sera admise à la pension.

47 EXERCICE. (Gram. nos 312-322.)

Le soleil ne sauraient percer de ses rayons l'ombre

épaisse que forme les rameaux entrelacés de ce bocage; l'obscurité et leur délicieuse fraîcheur y règne le jour comme la nuit. Si tu es insensible aux peines des malheureux tu ne mérite pas qu'on soient sensible aux tiennes. Le mérite des hommes, aussi bien que les fruits, ont leur saison. Le port de l'homme, sa démarche ferme et hardie annonce sa noblesse et son rang. Le temps ou une goutte d'eau nettoient les taches du corps; le temps ni l'eau d'aucun fleuve ne peut enlever les taches de l'âme. Il ne vous faut pas de grands efforts pour vous concilier nos cœurs : de la piété, de l'obéissance, un peu de travail nous suffisent. Avant tout, compte sur toi : voisines, amies, chacun préfèrent leur intérêt à celui de tout autre. La mort est aussi naturelle que la vie, et l'une et l'autre nous arrive sans que nous puissions nous en apercevoir. L'homme est l'être le plus faible de la nature ; il ne faut pas que l'univers entier s'arme pour l'écraser, une vapeur, un grain de sable suffisent pour le tuer.

Ni l'une ni l'autre n'aura la moindre part au grand changement qui va se faire. Ni le cardinal qu'appuyait l'Espagne, ni celui que protégeait la France ne furent élus par le sacré collége. Dans ce monde la moitié des humains vit au dépens de l'autre moitié. Une foule de citoyens ruinés remplissaient les rues et venait tous les jours à la porte du palais pousser des cris inutiles. Une multitude d'animaux placés dans ces belles retraites y répand l'enchantement et la vie. La plupart des orateurs nous donnent en longueur ce qui leur manque en profondeur.

48e EXERCICE. (Gram. nos 512-522.)

Il n'y a qu'un petit nombre de connaisseurs qui discerne et qui sont en état de prononcer. Par tous pays, la plupart des fruits destinés à la nourriture de l'homme flatte sa vue et son odorat. Un grand nombre espéraient faire fortune et moururent de misère et de faim. Des enfants qui naissent, la moitié tout au plus parviennent à l'adolescence. Nombre de personnes se laisse aller au torrent du monde , sans considérer l'abîme où il aboutit. Beaucoup de personnes voudrait savoir, mais peu désire apprendre. Vous avez vaincu beaucoup de difficultés; mais assez vous reste encore à surmonter pour que vous ne ralentissiez pas vos efforts. Plus d'un bandit qui pouvaient attaquer pendant la nuit un voyageur sans défense en est venu aux mains. Plus d'un avocat qui s'insultent au palais se serrent affectueusement la main en sortant. Quand chacun connaîtraient son talent et voudraient le suivre, combien le pourrait ? Combien surmonterait de grands obstacles ? Combien vaincrait nombre de concurrents. Il n'y a que nous qui vous excusent et qui sont disposés à vous pardonner cette faute involontaire. Il n'est que moi qui s'intéresse à ton sort et qui soit désireux de soulager ta misère. Nous sommes d'honnêtes gens qui travaillent et qui n'ont jamais fait de tort à personne. Je ne suis pas un conteur de fariboles qui vient ici vous débiter des balivernes.

49e EXERCICE. (Gram. nos 323-325.)

Nous ne ressentons nos biens et nos maux qu'à proportion de notre amour propre. Toute la souplesse des organes de la chèvre, tous ses nerfs suffisent à peine à la pétulance et à la rapidité de ses mouvements. Jouissez ce que vous possédez; espérez de ce qui vous manque. C'est à Jenner à qui est due la découverte de la vaccine. Le souvenir d'une bonne action embellit et jette un parfum délicieux sur toute la vie. Ne vous informez pas ce que les médisants disent de vous ; mais réglez votre conduite de manière à ne leur donner jamais prise. L'ingratitude est comme une monnaie sans aveu dont chacun se plaint et cherche à faire passer. Nous pardonnons souvent ceux qui nous ennuient; mais nous ne pouvons pardonner ceux que nous ennuyons. Un grand nombre de vaisseaux entrent et sortent toutes les semaines du port de Marseille. On est riche de tout ce qu'on a pas besoin. L'avarice s'accroît par les remèdes mêmes qui guérissent et mettent un terme aux autres passions. Le Souverain Créateur préside et règle le mouvement des astres. J'aime et je suis aimé de mes parents. Au moyen du chemin de fer on peut aller et venir de Paris en deux jours. Il y a beaucoup de mérite à sentir et à faire l'aveu de ses torts.

30e EXERCICE. (Grammaire, nos 326-331.)

L'empereur Titus disait à la fin d'un jour qu'il n'avait pu signaler aucun bienfait : mes amis, je perdis ma journée. Si mince qu'il peut être, un cheveu fait de l'ombre. La religion exige que nous sacrifions nos ressentiments et que nous aimons nos ennemis. Quoique les méchants prospèrent quelquefois, ne pensez pas qu'ils sont heureux. Taisez-vous, ou dites quelque chose qui vaut mieux que votre silence. La conscience est le meilleur livre que nous avons; c'est celui que l'on doit consulter le plus souvent. Dès que le bruit des armes se fit entendre, dès que le son du cor ou la voix du chasseur donne le signal d'une guerre prochaine, le chien marqua sa joie par les plus vifs transports, il annonce par ses mouvements et par ses cris l'impatience de combattre et le désir de vaincre. Ma bonne maman m'a dit que vous me demandez. Ce matin, je trouvai le pavé si glissant que je pensai que si je venais à tomber sur le bras droit, je serais tout à fait désemparée. Dieu ne veut pas que nous nous attachons où le bonheur n'est pas. Quelque effort que font les hommes, leur néant paraît partout. Oubliez-vous que Dieu vous entende et vous voie, et qu'il puisse lire dans les replis les plus cachés de votre cœur. Si faible qu'est un ennemi, il est cependant à craindre. Il n'y a rien qui rafraîchit le sang comme une bonne action.

31e EXERCICE. (Gram. nos 332-336.)

Il est injuste d'exiger des hommes qu'ils fissent par déférence pour nos conseils ce qu'ils ne veulent pas faire pour eux-mêmes. Je n'entrerai point dans une discussion ou je serais contredit, quelque parti que je prenne. Il semble qu'on ait juré de ne jamais s'entendre, pour avoir le plaisir de d isputer toujours. L'Evangile est le plus beau présent que Dieu eut pu nous faire. Pour résister aux Romains, il aurait fallu que Carthage soit moins opulente. Il faudrait qu'il n'y ait ni extrême misère ni richesses extrêmes. Je ne crois pas qu'il put y avoir de véritable amitié entre des personnes qui ne sont pas vertueuses. L'envieux voudrait que tout ce qui est bon appartienne à lui seul. La jeunesse est le seul moment de la vie ou l'homme peut se corriger facilement. Dieu exige que nous employons au soulagement de nos semblables les richesses qu'il nous a données. Les lois romaines voulaient que les médecins puissent être punis pour leur négligence ou pour leur impéritie.

52ᵉ EXERCICE. (Gram. nᵒˢ 557-558.)

Que d'ames chancelant dans le devoir ont été rappelées à la religion par de bons exemples, que de faibles entraînés ! que d'âmes chancelant retenues dans le devoir ! Quand la femelle de l'ours a perdu ses petits, elle annonce sa douleur, non par des cris perçant, par des rugissements terribles; mais elle est triste et gémissant : c'est une mère pleurante ses enfants. Les dauphins sautant annoncent l'approche de la tempête. Les ennemis ne soupçonnants pas d'embûches s'engagèrent dans un étroit défilé. La fraîcheur naissant de la nuit calmait les feux de la terre embrasée. C'est une femme perpétuellement allant, perpétuellement agissant, mais du reste sans cesse contrariant et naturellement médisant. On voyait les flammes ondoyant s'élever jusqu'aux nues. Les Turcs ont toujours des ministres étrangers résidant continuellement chez eux. Voyez les chiens au milieu des glaciers du Mont-Saint-Bernard, prêtants assistance aux voyageurs qui s'égarent, les guidants au sein des ténèbres, leur créant des routes au milieu des torrents, et partageant avec les hommes les plus vénérés les soins périlleux d'une bienfaisance hospitalière. Les montagnes mettent cette côte fertile à l'abri des vents brulant du midi. Maman, toujours projetant et toujours agissant, ne nous laissait guère oisives ni Cecilia ni moi.

53e EXERCICE. (Gram. nos 339-350.)

La Géométrie est une science moins difficile que je ne l'aurais crue. La misère que nous avons cru si grande dans les provinces du centre, est bien moindre qu'on ne nous l'avait annoncée. Les provisions que nous avions ordonnées qu'on nous préparât, sont moins considérables que nous l'avions crues : je ne pense pas qu'elles soient suffisantes pour le voyage que nous nous sommes proposées de faire. Si la dentelle que vous aviez si long-temps attendue et que vous avez enfin reçue, n'est pas aussi belle que vous l'auriez désirée, c'est que les personnes que nous avons eues à contenter sont en grand nombre. Si la récompense que vous avez pensée que vous recevriez n'est pas aussi considérable que vous l'auriez souhaitée, c'est que vos efforts pour la mériter n'ont point été proportionné à ce que vous vous attendiez. Les vents qui ont soufflés et les pluies qu'il a faites ont entièrement dérangés les travaux de la campagne. L'affaire ayant été jugé plus grave qu'on ne l'avait cru d'abord, on envoya ma sœur à Paris pour la terminer. Le règne de Louis le grand a été un des plus glorieux qu'il y ait eu en France. La sagesse et l'industrie des Chinois sont bien moindres que quelques auteurs ne l'ont avancée. Les inquiétudes que j'ai eues pour vous ont étées bien plus sérieuses que vous ne l'auriez soupçonnée. Ces élèves ont reçu une récompense plus précieuse qu'elle ne l'avaient espérées. Ces deux enfans n'ont pas été surpris de l'arrivée de leur mère, ils l'avaient annoncé. Cette personne n'est pas aussi instruite que je l'avais pensée. Cette racine est moins salutaire que vous me l'aviez assurée. La nouvelle s'est trouvée vrai comme vous l'aviez jugée.

54e EXERCICE. (Gram. mêmes nos 339-350.)

Le peu de monnaie que vous m'avez donnée n'a pas suffi pour payer mes livres. Le peu de précautions que vous avez pris vous a fait échapper au danger qui vous menaçait. Le peu de précautions que vous avez pris vous a faite tomber dans le piège que vous avaient tendus vos ennemis. Le peu de maux que vous avez souffert vous a appris à plaindre ceux qui souffrent. J'ai entendu le peu de mots que vous avez prononcé et que chacun cependant ont beaucoup applaudi. Je suis très-reconnaissante des services que vous m'avez rendue ; quant aux marchandises que vous m'avez expédiée, j'en ai reçues une partie. Un de vos amis est venu me prier de lui prêter quelqu'argent pour pouvoir subsister jusqu'au remboursement de celui qui lui est dû ; je lui ai donné le peu de monnaie qui m'était resté. Parmi le grand nombre de personnes qui se sont présenté pour avoir des places, je n'en ai vues que deux qui en aient obtenues. Un des jeunes gens que vous ayez vu l'année dernière a été reçu docteur en médecine. La crainte de faire des ingrats, ou le déplaisir d'en avoir trouvés ne doit jamais nous empêcher de faire le bien. Vous avez cueilli plus de fruits que je n'en ai mangés. Nous nous étions imaginé que vos frères nous avaient oublié ; cependant les deux lettres que nous en avons reçu nous ont prouvé le contraire. Vous nous avez demandé des marchandises dont nous étions dépourvus, nous en avons reçues aujourd'hui qui vous conviendront. Félicie est charmante : les marques d'amitié que nous en avons reçu nous ont beaucoup flatté. Cet auteur a plus écrit de livres que vous n'en avez lu. La renommée que Virgile a décrit d'une manière si brillante, est un morceau au dessus de toutes les imitations qu'on en a fait. Autant d'ennemis il a attaqué, autant il en a vaincu. Le peu d'amis que j'ai rencontré m'ont rendu tous les services qu'ils ont pus.

55e EXERCICE. (Gram. mêmes nᵒˢ 339-350.)

Je serais riche, si j'avais les sommes que cette métairie vous a coûtées. Julie serait plus instruite si elle avait travaillé pendant les heures qu'elle a dormies. Les reproches que ta conduite t'a valu me déchirent le cœur.

Nous avons donné à ces élèves plus de récompenses que nous leur en avions promi , c'est qu'elle en ont méritées plus que nous leurs en avions annoncées. La ferme ne vaut plus aujourd'hui les cinquante mille francs qu'elle a valus et qu'elle m'a coutées. L'hospice des Quinze-Vingt est une des plus belles fondations qu'est enfanté le règne de St-Louis. Vous ne sauriez croire les peines que cette entreprise m'a coûté et les risques que j'ai couru pour la faire réussir. Nous avons laissé à nos fermiers le peu de légumes que nous avions récolté cette année. Nous avons laissé ces étrangers nous débiter tous les comptes qu'ils ont voulu. L'enfant, en avançant en âge, devient plus précieux; au prix de sa personne, se joint celui des peines qu'il a coûté. Le peu de bienveillance qu'on vous à témoigné vous a rendu mélancolique, ma chère amie. Que de soupirs et de larmes vous m'avez coûté, mes enfans, que d'affronts et de mauvais traitemens vous m'avez valu ! Je me chargerai de vos affaires quan vous le voudrez ; quand à celles de votre amie , c'est différent. Il faut plaindre les imbéciles plutôt que de s'en moqué. Je me rendrai auprès de vous quan je le pourrai, plutôt peut-être que vous ne pensez: quan a Célestine , elle ne pourra m'accompagné , des occupations pressantes la retienne. Puisque nous devons mourir un jour, qu'importe que ce soit un peu plutôt ou un peu plutard. La compassion se trouve plutôt chez les malheureux que chez les gens habitués au délices de la vie. Je désirerai m'entretenir avec Camille plutôt qu'avec Auguste : quan a Félicie , je m'en soucierai encore moins. Nous commencerons ensemble notre devoir , mais je pense que vous aurez fini plutôt que moi, quan même je me dépêcherai plus que vous, car vous êtes bien plus habile et bien plus expéditive que je ne saurai jamais l'être.

56ᵉ EXERCICE. (Gram. n 551-554.)

Le cœur est douloureusement attendri de la situation d'une mère prête à perdre son fils. Jour et nuit le marin est le jouet des éléments; le feu est toujours près de consumer son vaisseau ; l'air de le renverser ; l'eau de le submerger, et la terre de le briser. Ecoutez moi bien, voilà en deux mots ce que j'exige de vous : une très grande franchise et une entière confiance en moi. Paix, indulgence et charité, voici l'esprit de la religion et son essence. Il n'y a rien de solide ni de vraiment stable entre les hommes. Par malheur, il y a trop peu d'intervalle parmi le temps où l'on est trop jeune et celui où l'on est trop vieux. Devant qu'il soit nuit j'aurai accompli tous mes devoirs. Aujourd'hui on m'a recommandé de me placer avant toi. Elle était avant moi quand elle s'est mise à courir aussi n'est-il pas étonnant qu'elle soit arrivée au but devant moi. Les beaux jours sont prêts à finir. Mademoiselle est toujours près de s'admirer.

57ᵉ EXERCICE. (Gram. nᵒˢ 555. 558.)

Il marcha six jours tout de suite. Levez-vous et allez où vous appelle l'obéissance. Un sage prince avait écrit dessus les livres de son fils : Plutôt mourir que de mentir. Demeurer pieuse dedans le monde, c'est se maintenir dessus la glace. Les élèves sont depuis une heure dehors de la classe, il est temps de les faire rentrer dedans la cour. Alentour du jardin il y a de magnifiques plate-bandes. L'irrésolution est le défaut qui s'oppose davantage à notre avancement. Rien ne décrie plus la violence des méchants que la modération des gens de bien. J'ai davantage de livres que vous. Je crois que si l'on pouvait oublier que l'on est malade on serait de suite guéri. Un étourneau peut apprendre à parler indifféremment français, allemand, latin, grec, et à prononcer tout de suite des phrases un peu longues. Il faut que les enfants obéissent de suite.

58ᵉ EXERCICE. (Gram. nᵒˢ 559-564.)

Il emprunte à chacun ni ne rend à personne. Les animaux n'inventent et ne perfectionnent rien. Pardonnez à vos ennemis, ni ne soyez inexorable qu'à vos amis. Ne vous fiez pas toujours à vos sentiments et ne

vous appuyez pas trop sur vos pensées. L'honneur ne
peut s'acquérir sans travail et la sagesse sans expé-
·rience. On n'est jamais si heureux et si malheureux
qu'on se l'imagine. Il a été frappé d'apoplexie, et il est
mort sans les secours et les consolations de la religion.
L'enfance n'est si heureuse que parce qu'elle ne sait
rien et la vieillesse si misérable que parce qu'elle sait
trop. Parce que vous m'avez dit, j'ai vu ce que j'avais
à faire. Jamais en quoique ce soit les méchants ne sont
bons à rien. Dans le ciel, tout est beau parce que tout
est vrai. Quoi que riche, elle est généreuse. Quoique
vous disiez, vous ne me persuaderez pas.

Ha ! mon Dieu ! que vous vous portez bien et que
vous avez là un vrai visage de santé ! Ah ! vous voilà ,
c'est fort heureux vraiment ; je désespérais de vous
rencontrer. Ah ! on vous a dit cela ! on vous a trompée
sur ce point. Ho ! que la nature est sèche , expliquée
par les philosophes ! ho ! ho ! ma petite, méditeriez-
vous quelqu'un de ces mauvais tours que vous savez
si bien faire ? Hé ! mon pauvre homme, que je vous
plains ! hé bien ! de quoi est-il question ? aurons-nous
bientôt fini ?

RÉCAPITULATION.

*Les élèves corrigeront toutes les fautes qui se trouvent
dans les exercices suivants.*

I.

Les livres que vous avez laissés lire à vos filles les
on corrompu. Les criminels que j'ai vus conduire au
supplice mon paru peu touchés de leurs situation : je
ne les aient pas vu pleuré, je ne les ai pas entendus
se plaindre, mais je les aie entendu maudire par la po-
pulace. L'anecdote que vous nous avez conseillés de
lire nous a beaucoup réjoui. Voilà une fable que j'ai
pensée que tu aurais lu avec plaisir. Nous avons distri-
bué aux élèves plus de délivrances qu'elle n'en avait
méritées. Votre sœur n'est pas aussi instruite que

nous l'aurions cruc. Quelque grands biens que vous possédiez, la mort vous en dépouillera quelques jours. Quelques louanges que l'on vous aient donné, elle sont au dessous de votre mérite. Faites tous vos effors pour arraché de votre cœur tous penchans, tous sentiment, toute affection qui ne seraient pas pour Dieu. Ces dame ne ce sont pas laissées intimider par la crainte des châtimens dont on les a menacée. Le peu de délicatesse que vous avez montrée dans cette circonstance vous déshonore. Les arbres que j'avais vus greffer, je les ai vus pousser rapidement. Thérèse a terminé la tâche qu'on l'avait condamné à faire. J'ai parcouru les livres que vous m'aviez donnés à lire et les desseins que vous m'aviez ordonnés d'examiner. Voila la romance que nous nous aviez chargée de transcrire ; quelque peines que nous nous soyons donné, elle ne répon pas à l'idé que vous vous étiez fait de notre talent. Les précautions que j'ai cru devoir prendre ne seront pas inutile. Les demoiselles qu'on a vu désobéir à leurs maîtresse, se sont répanti plus tard de leur indocilitée.

II.

Les trois mois que notre correspondance à durée se sont écoulées rapidement. Les rubans ponceaux que je vous ai donné assortiront bien vos capotes bleues barbeaux. La perte douloureuse que vous avez euc à déploré nous a privé de la satisfaction que nous aurions eu de vous posséder plus long-temps. Le peu de bienveillance que j'ai éprouvé pendant les six mois que j'ai passé dans ce païs, mengage a y resté. La chimie es une des sciences que le besoins du comerce a les plus répandu. Je tiens cette nouvelle d'un de vos amis que j'ai rencontrés ce matin. Vous desiriez des peinceaux, j'en ai reçus hier que je vous enverrai demain. Je me suis contentée du peu d'attention que vous avez porté à la leçon. Le peu d'attention que vous avez porté à cette affaire l'a fait échouer. Julie s'est cruellement désabusée des illusions qu'elle s'était faite. Thélémaque s'avença ver les rois qui étaient dans de bocages odoriférant toujours reverdissant et fleuri. Milles petit ruisseaux d'une onde pure , arrosant ses beaux lieux, y faisait sentir une délicieuse fraîcheur. Mes enfan, allez remerciez ses messieurs de l'invitation gracieuse que vous en avez reçu. Ces femmes qu'on avaient accusé de ce vol, ont étées reconnues innocentes ; on les aurait cependant cru coupables. Quelque superbes distinction qu'obtienne les hommes, ils ont tou une même origine. Les femmes , quelques vertueuses quelles soient, quelques confiance qu'elles aient en leurs forces, quelque soit leur piété, leur fortune , leurs rang, doivent craindre les artifices de la séduction. Quelque chose que vous m'ayez dit, je ne l'ai point entendu. Je sais qu'on a dit quelque chose d'agréable, mais je ne l'ai point entendu. Les remèdes que l'on ma ordonnés de prendre n'on produit aucun éfet ; feu ma grand mère disait qu'on doit toujours tenir à la parole que l'on a donné. Votre feu tante était tout spirituelle. Des épaisses ténèbres couvrent ses lieux. Quelque éloges que l'on ait décernés aux conquérens, ils ont été les ennemis du genre humain.

III.

Quelques trésors que nous possédions , quelques puissants que nous soyons, quelque soit notre autoritée dans le monde, nos désirs ne seront jamais satisfait. Toute spirituelle, toute aimable que paraisse Emma , elle me cause cependant de l'ennui. Ces jeunes gens sont arrivés tous abbatus, tous harassés des chaleurs qu'il a faites aujourd'hui : je leur est prescris à tous de prendre des bains tous les jours. Les tournes broches que tu a imaginé sont trés-comode. Les desseins que vous avez trouvé faibles sont les desseins même que j'avais condamnés. Les plumes que nous avions hasardées de tailler ont été trouvé passable. Les paroles que tu a hasardées te porterons préjudisse. En transcrivant ses ouvrages, on à omis des mots, des frases mêmes toutes entières. Quelques militaires de l'armée ennemie sont venu ce promener dans la ville; ils ont étés reçu par nos soldats, nos officiers mêmes, avec le plus bienveillant acueil. Toutes injurieuses, toutes offensantes qu'ait été vos paroles, je ne m'en suis point troublée. C'est la justice et la bonté de la reine qui l'a rendu digne de la régeance. Quelle ait été la justice et les vertus d'Aristide, quelque belle qualité qu'il ait possédé, on ne peut dire que sa vie soit sans tache La multitude des caneaux qui coupe la hollande sert a transportés les danrés Le filosofe Aristipe s'endormait quelques fois, tenant dans la main une boule de cuivre au dessu d'un bassin, afin qu'en tombant dans le bassin, elle le reveilla et le rappela à l'étude. Ceux qui sont rebelle à leurs parens et avide de leurs sangs sont nuisible à la société et indigne de voir le jour. Cet eau ne bout pas, mais elle boura bientôt. Pythagore voulait que l'on tint un milieu entre la joi exécive et la tristesse, que l'on cultiva sa mémoire, qu'on ne dit et ne fit rien dans la colère, qu'on aima a chanté les louanges de Dieu et des grands homme.

IV.

Je ne doutai pas que Virginie ne vint à bout de cet entreprise, j'aurai désiré seulement quelle y apporta un peu plus de modération. Un soir du moi dernier, j'allais me promené sur le pont; je rancontrais un homme qui me priât de tenir son fils sur les fonds de batème, se que j'acceptais volontier pour l'obliger. Si ce n'est pas toi qui a causé ce dégat, ne serait-ce pas tes frères ? Vous êtes la seule ammie en qui j'ai de la confiance. Vous ete si indulgente et si bonne qu'il n'y a personne qui ne désira vous ressambler. Ce tableau est bien le plus beau que j'ai vue de ma vie. Les loix permettent de s'opposer a la violance et de la repousser, quelque soit les personnes qui nous attaque. Toutes affreuses, toutes horribles, toutes révoltantes que fusse les cruautées de Tibère, elles n'égalèrent pas celle de Néron. J'ai reçu de cette dame tous les secours que j'en avais attendu. Quelques cachées que soient vos fautes, quel-

que soit les soins et les peines que vous preniez pour
les faire disparaître, elles néchapperont pas à l'euil de
la justice éternelle. Amélie est toute émue, toute hon-
teuse de sa conduite. La droiture, la probité de cette
homme le font rechercher de toutes les honètes gens.
J'ai négligé mes devoirs cette semaine; mais je les soi-
gnais très bien la semaine dernière. Il étais nécessaire
que mon valet fit sur le champ ses amplètes et qu'il
retourna chez moi sans delais. La quantitée de perdrix
que nous avons aperçu étaient si grandes, que nous en
avons tué sept d'un seul coup de fusil. Je serais con-
tante quant ma fille la sera; je ne la serai qu'alors.
Vous n'ètes pas une sainte, il est vraie; mais vous pouvez la devenir. Ces élèves, après avoir récités chacun
son catéchisme, ce sont retirés chacun dans sa chambre,
Ces gravures m'ont coûtées vingts centimes chaque.
Voila des tirre-botte et des tire-bouchon dont je ferai
l'emplète. Cet histoire est la plus amusante que j'ai
lue : nous sommes arrivées à l'endroit ou elle est la
plus intéressante.

V.

L'Eglise catholique est une vigne mistérieuse que les
Apotres ont plantés par leur prédication, que les
martirs ont arrosés de leur sang, que les évêques ont
gardés par leurs vigilances, que les confesseurs ont
édifiés par leur vertu, et qu'une foule de viérges ont
embellies de leurs puretés. Quelque belle contrées
que vous ayez parcourru, quelque riches que soit les
païs que vous avez visités, quelque soit leurs produc-
tion, je doute que vous en ayez vus un aussi riche
que celui-ci. Le mérite des hommes, aussi bien que
les fruits, ont leur saison. Ce qu'on conçoit bien s'é-
nonce clairement. Il n'y à pas de temps à perdre, mes
enfans, mettez-vous à table; vous avez de la bonne
soupe, et du bon vin, des bonnes cottelettes et des exe-
lens légumes. J'ai fait des brillantes affaires cette année, mais j'en fis des plus importantes l'année dernière, La nature de l'amour-propre est de n'aimer que

lui, de ne considérer que lui. Une nué de traits obscurcissait l'air et couvrait les combattants. Votre feu mère et feu ma tante avaient autant d'esprit que de prudance. Ou est mon frère? il faut que je le vois avant qu'il parte. Quelque soit mes précautions, j'éprouve toujours quelques contrariétés qui m'arrète, Savez-vous se que c'est que des crèves-cœurs? Ce sont des choses qui crèvent le cœur. Charles V fut un grand prince qui aima les gens de lettres, les favorisa, les protégea et leur accorda de titres honorables. Quant ta maladie arriva à sa dernière période, la lune avait terminé son période. Les mendians vont nu pied·et les flatteurs nu-tête. Un couple de bœuf est suffisant pour traîner une charrue. J'ai acheté une jolie couple de pigeon pour peupler ma volière. Des bons pistolets sont des excelens portes-respect. Cette horloge sonne les heures, les demi et les quard. Cet peuple de guerrier enfantait des héros. Savez-vous le nom de tous les demis-dieux de la fable? Les hommes, les monuments les villes mêmes sont frappées de la faux du temps. C'était des hommes chancelant dans la vertu et vivant dans un danger continuel de se perdre.

VI.

La nacre de cette boîte à cure dent est fort brillente. Ceux que j'ai vu le plus frappés de la lecture des Homères, des Virgiles, des Horaces et des Cicérons, sont des esprits du premier ordre. Ces femmes portent leurs coiffure très-hautes; c'est ce qu'il les fait marcher droites. Vos demoiselles, toutes jolies qu'elles sont, toutes agréables qu'elles paraissent, sont cependant loins d'être aimable. Vit on jamais une femme plus infortunée que je la suis? Les arabes, les sauvages mêmes ne seraient pas capable d'une action aussi barbare. Ce jeune homme déclame avec une chaleur et un sentiment étonnant. Danaüs ayant appris par l'oracle qu'il serait tué par ces gendres, exigea de ces filles qu'elles massacrassent chacune sont mari; chacune en effet poignarda son époux. Ce negocient vous a expédié deux cent maîtres

de cotonade. Vous mettez dans tout ce que vous faite
une grâce et un goût charman. Les chat-huants et
les loup-cerviers habitent les forets. Ses hotéleries
sont des vraies coupes-gorges. Je vous ai entendu
chanter différent duo et trio qui m'ont faits grand
plaisirs. Les coffre-fort doivent être solidement cons-
truis, dans la crainte des voleurs. Bonaparte a fait
plusieurs vices rois et leur a donnés de vices-royautés.
Nous sommes séparés l'un de l'autre par un intervale de
trois lieux et demie. L'usage du caffé vint de constantinople a Paris, vers l'an mille six cents soixante douze.
La chine à cinq cent lieux de long sur quatre cents
trante de larges. Si vos eaux de vies sont bonnes,
apportez m'en une couple de bouteille. Nous avons vu
une troupe de soldats qui défilait dans la ville. Cette
homme fait continuellement des coqs à l'ane. Notre
méterie est a cinq mille de la ville. Après avoir récité
plusieurs *paters* et plusieurs *ave*, je m'occupais de votre
afaire que je trouvais fort embrouillée.

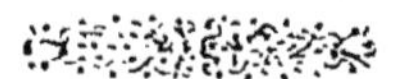

SUJETS DE COMPOSITIONS

POUR

LE SAMEDI DE CHAQUE SEMAINE

Les élèves écriront alternativement l'un des Traits d'histoire sainte et l'une des Lettres indiquées ci-dessous.

1. Histoire de la création du monde.

2. Sabine, jeune fille de 12 ans, en pension dans sa ville natale, écrit à sa maman pour la prier de lui envoyer divers petits objets dont elle a besoin, soit pour écrire, soit pour broder. Elle lui exprime le désir de faire un petit ouvrage pour la fête de son papa, et le surprendre agréablement etc.

3. Paradis terrestre et formation d'Ève.

4. Sabine écrit à sa sœur aînée une lettre bien affectueuse pour lui dire que, étant allée à la promenade avec les autres pensionnaires, elle a eu l'étourderie de perdre son sac à ouvrage dans lequel se trouvaient des ciseaux, un dé, un étui, objets qui lui sont indispensables pour travailler : elle la prie de les lui remplacer au plus tôt et lui promet d'être plus soigneuse à l'avenir.

5. Désobéissance d'Adam, et la punition qui en fut la suite.

6. Camille, âgée de 14 ans, écrit à sa tante-marraine pour la remercier d'un joli châle qu'elle en a reçu, ainsi que des bonbons que lui ont envoyés ses deux cousines. Elle se réjouit de l'espérance qu'on lui a donnée de les voir bientôt avec sa chère tante qui doit les amener au couvent, etc.

7. Abel immolé par son frère.

8. Césarine, âgée de 13 ans, écrit à son papa pour lui témoigner la douleur qu'elle a ressentie en apprenant qu'il est gravement malade, le désir qu'elle aurait

de le servir conjointement avec sa mère, les neuvaines qu'elle fait pour sa guérison , etc. Elle lui envoie la médaille miraculeuse , et lui raconte les prodiges opérés par Marie au moyen de cette médaille, etc.

9. Déluge, Arche de Noé.

10. Camille à sa tante marraine pour la prier d'accepter une paire de porte-montre qu'elle lui a brodée . ainsi qu'un col pour chacune de ses deux cousines qu'elle attend avec impatience, etc, etc.

11. La tour de Babel.

12. Césarine tourmentée d'avoir passé huit jours sans recevoir des nouvelles de son père, s'adresse à sa tante pour la prier de la tenir au courant à la place de sa mère trop occupée, et qu'elle craint de voir succomber à la fatigue et au chagrin, etc.

13. Abraham sacrifie son fils unique.

14. Sabine écrit à ses parens pour les prier de ne point la retirer encore du couvent. Elle leur expose le besoin qu'elle aurait de quelques mois de plus pour se perfectionner à l'écriture et au calcul, et se rendre ainsi plus utile dans leur magasin.

15. Esaü vend son droit d'aînesse à Jacob pour un plat de lentilles.

16. Mme Clément répond à sa nièce pour la rassurer et lui annoncer la pleine convalescence du cher malade; elle calme ses inquiétudes au sujet de sa mère , qui se porte bien malgré ses embarras. Elle lui fait l'éloge de la conduite qu'ont tenue ses deux frères et sa petite sœur dans cette triste circonstance.

17. Jacob reçoit la bénédiction de son père.

18. M. Marchand répond à Sabine qu'il ne peut qu'approuver les motifs qui l'ont portée à demander de différer sa sortie du couvent, qu'il est bien convaincu que quelques mois lui seraient nécessaires pour achever son éducation, mais que sa maman étant obligée de faire un voyage assez long, il se voit contraint de retirer sa fille pour la remplacer au magasin.

19. Joseph est vendu par ses frères.

20. Césarine écrit à sa tante, pour la remercier de la bonne nouvelle qu'elle en a reçue. Elle lui dit que, dès qu'elle a eu envoyé la médaille, elle n'a plus douté du rétablissement de son cher papa, et que sa confiance en Marie n'a jamais été trompée. Elle la charge de ses tendres commissions pour toute la famille, etc.

21. Joseph devient premier ministre de Pharaon, roi d'Egypte.

22. Amélie à son frère qui vient d'être placé au collége. Elle prend part au chagrin qu'il éprouve d'être séparé de ses chers parens et le console de son mieux, l'engage à prendre généreusement son parti, l'invite à lui écrire souvent, etc.

23. Jacob envoie ses fils en Égypte pour y acheter du grain.

24. Henri répond à sa sœur Amélie pour lui confier ses ennuis, la peine qu'il trouve à s'habituer à la vie du collége, les difficultés qu'il rencontre dans ses études, la contrariété qu'il éprouve de ne pouvoir jouer quand la fantaisie lui en prend. Il lui demande comment elle a pu faire pour s'accoutumer au silence et au travail, elle qui aimait tant à babiller et à ne rien faire.

25. Joseph éprouve ses frères et s'en fait reconnaître.

26. Césarine à son frère Prosper pour lui exprimer la joie que lui a causé sa belle conduite pendant la maladie du cher papa ; elle l'assure qu'elle a redoublé de tendresse pour lui, ainsi que pour Emile et Léonie qui ne criaient jamais et ne marchaient que sur la pointe des pieds de peur d'incommoder le papa, etc.

27. Dieu donne sa loi aux Hébreux sur la montagne de Sinaï.

20. Amélie répond à son frère Henri pour l'encourager. Elle lui fait envisager les précieux avantages qu'il retirera un jour de ce qui actuellement lui fait tant de peine. Elle lui dit que ces considérations l'ont encouragée elle-même dans une circonstance sembla-

ble, et que , pour abréger le temps de la séparation et avancer celui de la réunion, elle travaille avec courage, etc, etc.

29. Histoire de Ruth.

30. La petite Mariette écrit à son oncle et à sa tante de la part de sa mère , pour les inviter à venir passer chez elle la dernière quinzaine de septembre. Elle leur exprime la joie dont elle est transportée en pensant qu'ils amèneront avec eux ses petites cousines qui lui rendront doublement agréable le temps des vacances, etc.

31. Histoire de Samuel.

32. M. Dubois répond à Mariette que, sensible à l'aimable invitation de sa belle sœur, il s'empressera de s'y rendre avec sa famille dès que les vendanges seront terminées, et qu'il amènera aussi Frédéric, son neveu et son pupille , sorti du collége pour prendre ses vacances, etc.

33 Jonathas et David modèles d'une véritable amitié.

34. Laurette, jeune orpheline âgée de 11 ans, écrit à une tante qui lui tient lieu de mère , pour lui annoncer qu'étant à la veille de faire sa première communion, elle lui demande une bénédiction qu'elle est privée de recevoir de sa mère et qu'elle recevra avec bonheur de celle qui la remplace si bien , etc.

35. David triomphe du géant Goliath.

36. Amélie à son frère, pour lui exprimer la douleur qu'elle a ressentie en apprenant qu'il est atteint de la rougeole, qu'elle ne se console qu'en priant pour lui pendant la neuvaine de St. F.-Xavier. Elle l'exhorte à la patience par l'espoir d'une prompte guérison , et tâche de l'égayer par quelque récit intéressant.

37. Enfans dévorés par les ours pour s'être moqués du Prophète Élisée.

38. Mariette à son frère Jules, pour le féliciter du bonheur qu'il a eu de faire sa première communion. Elle l'engage à conserver précieusement le fruit de cette grande action, lui rend compte d'une Retraite donnée

à sa pension par un fervent Missionnaire, lui fait part de ses pieux projets pour l'avenir, etc, etc.

39. Naaman guéri de la lèpre.

40. Louise écrit à sa cousine Léonie qu'ayant appris la détermination de ses parens de la mettre au couvent, elle la prie de les engager à préférer celui où elle se trouve elle-même si heureuse, qu'elle se fera une fête de l'accueillir, de lui adoucir les premiers momens d'ennui, etc.

41. Le roi Cyrus.

42. Léonie répond à Louise que ses parens se rendent avec joie à sa bienveillante proposition, et que bientôt elles auront le plaisir de s'embrasser et de vivre ensemble dans une douce intimité, etc, etc.

43. Histoire du vieux Tobie.

44. Mme Blanc, habitant la campagne, écrit à M. Poivre, épicier, que, ne pouvant se rendre à la ville, elle le prie de remettre pour elle à son fermier 6 kil. de café Moka, 20 kil. de riz, et 25 kil. de savon blanc marbré, de lui marquer le prix de ces denrées dont elle portera le montant à son premier voyage. Des complimens pour madame, des caresses pour les enfans, etc.

45. Histoire du jeune Tobie.

46. M. Poivre répond à Mme Blanc, qu'il est très-flatté de la confiance qu'elle lui témoigne, et qu'il s'efforcera toujours de mériter. Il pense qu'elle sera satisfaite de son envoi dont elle verra le prix dans la facture jointe à sa lettre. Il répond à ses politesses pour sa femme et ses enfans, etc.

47. Histoire de Judith.

48. Mlle Brisetout à Mme Potier, marchande de faïence pour lui demander 2 douz. d'assiettes, deux soupières, six plats ronds et autant de carrés, en terre de pipe, plus 4 caraffes et 6 salières en cristal, le tout de bonne qualité et à un prix modéré. Elle envoie sa servante pour prendre et payer la marchandise.

49. Histoire d'Esther.

50. M. Roux écrit à la supérieure pour lui annoncer que sa belle mère, dangereusement malade, demande à voir sa petite Eugénie ; qu'il sollicite donc la permission de la faire sortir quelques jours après lesquels il s'empressera de la reconduire au couvent. Il envoie son domestique pour la prendre.

51. Triomphe de Mardochée et punition d'Aman.

52. Eugénie à sa maîtresse pour lui annoncer la mort édifiante de sa grand'mère dont elle lui donne quelques détails, lui dépeint l'affliction de la famille et l'impossibilité où elle se trouve de quitter sa maman que la douleur a rendue malade. Elle sollicite des prières, etc.

53. Histoire de Daniel.

54. La Maîtresse répond à Eugénie et lui témoigne de l'intérêt, de l'amitié etc.

55. Les trois enfans de la fournaise.

56. Etiennette écrit à sa maman pour lui donner de ses nouvelles, après une légère indisposition qui l'a retenue huit jours à l'infirmerie où elle a reçu les soins les plus touchants ; etc.

57. Histoire de Jonas.

58. Angélique à sa mère pour lui envoyer le compte de ses petites dépenses et la prier de lui faire passer quelques chemises et deux robes, celles qu'elle a, étant devenues trop courtes par l'accroissement rapide de sa taille.

59. Pénitence des Ninivites.

60. Henriette, sortie pour remettre sa santé, écrit à ses maîtresses comment elle se trouve des remèdes et de l'air de la campagne. Elle leur exprime sa reconnaissance, son tendre attachement et le désir d'aller bientôt reprendre ses études, etc.

61. Histoire d'Éléazar.

62. Réponse de la maîtresse.

63. Martyre des Machabées.

64. Les bonnes amies d'Henriette lui écrivent pour lui témoigner le plaisir qu'elles ont eu en recevant des nouvelles satisfaisantes de sa santé ; elles lui parlent des prières qu'elles font pour sa guérison et son prompt retour, etc, etc.

65. Annonciation de la Ste Vierge.

66. Réponse d'Henriette qui fait à ses amies le détail de ses occupations, de ses promenades et surtout d'un pieux pélérinage à N. D. de Grâce dont elle espère les plus heureux résultats pour sa santé, etc, etc.

67. Marie chez sa cousine Élisabeth.

68. Madame Durand écrit à sa fille Angélique pour lui envoyer les chemises et les robes qu'elle lui a demandées, elle y joint d'autres petits objets qui peuvent lui être agréables, lui fait de tendres recommandations pour sa conduite, l'ordre, l'économie et le soin de ses petits effets, etc.

69. Naissance de J. C.

70. Angélique à sa maman pour la remercier et lui promettre de profiter de ses avis. Elle lui dit qu'elle va coudre ses chemises et ses robes, afin de devenir une ouvrière assez habile pour éviter désormais la dépense d'en tenir une dans la maison paternelle, etc, etc.

71. Adoration des Mages.

72. Denis à sa sœur Sophie pour la prévenir qu'il se dispose à partir incessamment pour Paris où il va continuer son cours de droit. Il lui parle de ses regrets en quittant tout ce qu'il a de plus cher, se recommande à ses prières et lui demande ses commissions pour la capitale.

73. La fuite en Egypte.

74. Sophie à Denis qu'elle regrette de tout son cœur, et qu'elle ne peut voir sans frémir lancé tout-à-coup dans cette Babylone où se perdent tant de jeunes gens. Elle lui demande pour toute grâce de faire dire à son intention, trois messes à N. D. des Victoires, et de porter toujours sur lui la médaille miraculeuse, etc.

75. Jésus à Nazareth.

76. Henriette, après être rentrée à la pension, écrit à ses parens pour leur rendre compte de son voyage et de l'accueil qu'elle a reçu de ses maîtresses, etc.

77. Baptême de Jésus.

78. Mlle Rigaud à un négociant de Lyon pour le prier de lui envoyer plusieurs articles en mercerie dont elle lui fait l'énumération. Elle demande que cette marchandise soit livrée au prix le plus modéré, lui promettant de lui donner la préférence pour s'approvisionner

79. Jésus au désert.

80. Réponse, facture et envoi du négociant.

81. La Samaritaine.

82. Mme Bertrand à la supérieure pour lui demander une place dans son pensionnat pour sa petite Elise, âgée de 10 ans, dont elle lui dépeint la santé, le caractère et les dispositions naissantes. Elle demande des détails sur le prix de la pension, le trousseau, etc. etc.

83. L'enfant prodigue.

84. Réponse obligeante de la Supérieure.

85. Le mauvais riche.

86. Clémentine, à son oncle, Curé de Gros-Bois, pour le remercier des bontés qu'il a eues pour elle lorsquelle était auprès de lui. Reconnaissance de ce qu'il veut bien payer sa pension et remplacer le père qu'elle a perdu, etc. Elle n'oublie pas la bonne Manon, etc.

87. La parabole des Talens.

88. Réponse de M. le Curé, pleine d'affection, d'intérêt et de bons avis pour sa nièce.

89. Zachée.

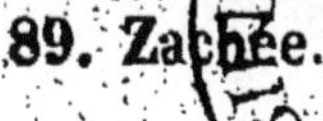

FIN.

LIBRAIRIE
AUBANEL FRÈRES
Imprimeurs de sa S.

LES PETITES FILLES

La Motte-d'Aigues, Cabrières-d'Aigues et S.-Martin-Labrasque (1)

A LEURS SOEURS CATHOLIQUES

DES AUTRES PAROISSES

———— o ————

Bien chères petites sœurs en J. C.

Vous êtes les privilégiées du bon Dieu : non seulement vous avez de tendres mères comme nous en avons, mais vous avez encore le bonheur de voir votre enfance dirigée dans le bien par de pieuses institutrices qui vous apprennent à connaître, à aimer, à servir Dieu, et à bien remplir tous vos devoirs. Vous habitez de grandes villes et de riches pays. Nous ne sommes pas jalouses de vos richesses, nous sommes contentes de la vie simple qu'on mène dans nos montagnes ; mais ce que nous regrettons, c'est de ne pas posséder comme vous l'avantage d'aller à l'école.

Là, dans notre pays, nous sommes un petit nombre de catholiques pauvres, dispersées dans trois communes protestantes. Vous comprenez que si nous avons le privilége de la vraie foi, nous sommes exclues des avantages temporels et communaux qui sont faits aux protestants. Aucune école ne nous est ouverte, à moins que nous n'aillons recevoir l'instruction des maitres protestants, et vous nous blâmeriez bien d'y aller, n'est-ce pas ?

---

(1) La-Motte-d'Aigues, Cabrières et S.-Martin-Labrasque sont trois communes de l'arrondissement d'Apt, très-rapprochées et situées dans les vallées du Luberon.

www.ingramcontent.com/pod-product-compliance
Ingram Content Group UK Ltd.
Pitfield, Milton Keynes, MK11 3LW, UK
UKHW020213130726
13696UKWH00002B/897